AF216818

Klaus Kampmann
Thomas Staehelin

Sich selbst gesund führen
Tipps, die auch in einer 24/7-Welt wirken

Sich selbst gesund führen
Tipps, die auch in einer 24/7-Welt wirken

© 2012/2017 Idee, Text, Bilder und Grafiken:
Klaus Kampmann und Thomas Staehelin

1. Auflage August 2012
2., erweiterte Auflage Januar 2015
3., aktualisierte und erweiterte Auflage Februar 2017

Paperback ISBN: 978-3-7439-0134-6
Hardcover ISBN: 978-3-7439-0135-3
E-Book   ISBN: 978-3-7439-0136-0

Verlag: tredition GmbH, Hamburg

Flow Zone EDITION
Herausgegeben von
Klaus Kampmann
und Thomas Staehelin.
Alle Rechte vorbehalten.

Trotz sorgfältiger Recherche übernimmt die Redakti-
on keine Gewähr für die Aktualität, Korrektheit,
Vollständigkeit oder Qualität der bereitgestellten
Informationen.

Schön, wenn Sie dieses Buch für sich entdecken!
Wir wünschen einen gelingenden
Perspektivenwechsel!

Inhalt

Einleitung

 Werden Sie Ihr eigener Trainer!

Beobachten Sie Ihre Fortschritte und zeichnen Sie Ihre „Trainingsergebnisse" auf – eine sehr wirkungsvolle Methode für Ihren Erfolg. Legen Sie sich hierfür ein Journal an.

Die Hirnforschung belegt, dass sich das Gehirn stets verändert. Es lernt und entwickelt sich mit seiner Nutzung – in jungen Jahren genauso wie im Erwachsenenalter. Durch Erkenntnisse der Positiven Psychologie verstehen wir:

- kleine Veränderungen gelingen besser als große,
- Fokussierungen sind bewusst veränderbar,
- Notizen haben eine stützende Wirkung.

Sie geben Aufschluss über Fortschritte und Rückschritte. Sie ermutigen und verstärken. Sie konzentrieren unsere Aufmerksamkeit auf jene Themen, die wir persönlich verbessern wollen.

„Sich selbst gesund führen" ist ein kluger Weg zu mehr Vitalität und Freude. Werden Sie sich Ihrer eigenen Trainerrolle mehr und mehr bewusst. Entdecken Sie sich mit Neugier und gestalten Sie neu.

**Vier Wege, sich selbst gesund zu führen,
und was sie bewirken.**

Eine gesunde Einstellung entwickeln
Mit einer gesunden Einstellung kommen Sie schon ganz schön weit. Sie versetzt Sie immer wieder in die Lage, oben zu bleiben, auch wenn es mal gefühlt bergab geht. *Denken/Handeln.*

Vitalität gewinnen
Übertragen Sie die mentalen Erkenntnisse der gesunden Einstellung auf Strategien, die dem Körper guttun. Das führt (fast) automatisch zu mehr Vitalität.
Ernähren/Bewegen.

Balance halten
Verstehen Sie Ihre individuellen Rhythmen besser und nutzen Sie diese geschickt für eine anhaltende Leistungsfähigkeit.
Leistung/Ausgleich.

Mehr Freude am Tun erleben
Wecken Sie die schöpferische Kraft in Ihnen und erleben Sie mehr Freude am Tun. Das macht Sie nachhaltig robuster und glücklicher.
Sinn/Stolz.

2

Ohne Sie selbst können Sie nichts verändern.

Schaut man um sich, erinnert unser Alltag zunehmend an Charlie Chaplins Filmklassiker „Moderne Zeiten". Immer mehr Menschen versuchen krampfhaft im Takt zu bleiben, was jedoch immer weniger zu gelingen scheint. Fasziniert von all den Ablenkungen der Außenwelt vergessen wir leicht, uns um uns selbst zu kümmern. Den Preis bezahlen wir später. Deshalb fällt die schiefe Kalkulation kaum auf.

Sich selbst gesund zu führen bedeutet, mit ein wenig Achtsamkeit und kleinen praktischen und wirksamen Methoden den Takt wiederzufinden. Es bedeutet aber auch, ein besseres inneres Gespür und eine größere äußere Konsequenz zu entwickeln. Lernen Sie wieder, mehr auf sich selbst zu achten, den inneren Signalen zu folgen und den häufigen Ablenkungen, die im Alltag geschehen, gelassener gegenüberzutreten.

Einiges, was Sie hier lesen, kennen Sie vielleicht schon. Manches ist einfach, aber nicht immer leicht umzusetzen. Möglicherweise haben Sie diese Erfahrung auch schon gemacht. **„Sich selbst gesund führen" bedeutet** *Handeln*. Bringen Sie mit Hilfe dieses Buches Ihr Wissen und Tun in angenehmer Form zusammen.

1. Gesunde Einstellung

Es ist für unsere menschliche Biologie keineswegs egal, ob wir Nörgler oder Optimisten sind. Denn jeder Gedanke hinterlässt seine biochemischen Spuren im Nervensystem, so der Neuroforscher Daniel G. Amen in seinem Buch „Das glückliche Gehirn". Es empfiehlt sich also, immer wieder mal innezuhalten und zu reflektieren, was wir eigentlich den ganzen lieben langen Tag so denken, welchen Gedanken wir am häufigsten nachhängen und immer und immer wieder neu denken. Ist in ihnen mehr Freude oder mehr Sorge enthalten?

Ob Sie schöpferische Gedanken haben oder nicht, können Sie jede Sekunde neu für sich entscheiden. Denn ein Gedanke dauert durchschnittlich eine Sekunde. So kommen am Tag rund 60.000 gedachte Gedanken zustande. Übrigens haben Sie heute – bei gleicher Umgebung – ca. 90 % ähnliche Gedanken wie gestern. Das ist einer der Gründe, weshalb wir neue Verhaltensweisen nur langsam annehmen. Genau dieses Wissen können Sie ab sofort nutzen, um unpraktisch gewordene Angewohnheiten zu ändern. Ein konsequentes Einschleichen neuer Angewohnheiten verspricht am meisten Erfolg! Gehen Sie also behutsam vor.

Was eine gesunde Einstellung ausmacht

Der Epidemiologe David Snowdon hat in seiner berühmten Nonnen-Studie nachgewiesen, dass eine positive und lebensbejahende Geisteshaltung sehr wohl einen realen Einfluss auf unser körperliches Befinden und unser potenziell zu erreichendes Lebensalter ausübt.[1] Er wertete aus, wie sich die persönliche Einstellung von Novizinnen zum Zeitpunkt des Klostereintritts auf ihre Gesundheit und ihr erreichtes Lebensalter auswirkte. Das Ergebnis ist eindeutig: Von den Nonnen mit weniger Zuversicht haben immerhin 34 % das stolze Alter von 85 Jahren erreicht. 11 % davon wurden zudem älter als 94.

Erstaunlich aber ist, dass die positiv gestimmten Nonnen fast alle älter als 85 wurden und sogar mehr als die Hälfte noch älter als 94. Diese Nonnenstudie ist deshalb so beachtenswert, weil die Teilnehmerinnen, anders als bei Normalbürgern, ein sehr geregeltes, vergleichbares Leben führen. Arbeitsplatz und Arbeitszeiten sind ähnlich, die Ernährung ist einheitlich, Abwesenheiten sind selten, alle haben Rauchverbot und so weiter.

---

[1] https://www.healthstudies.umn.edu/nunstudy/index.jsp[1]

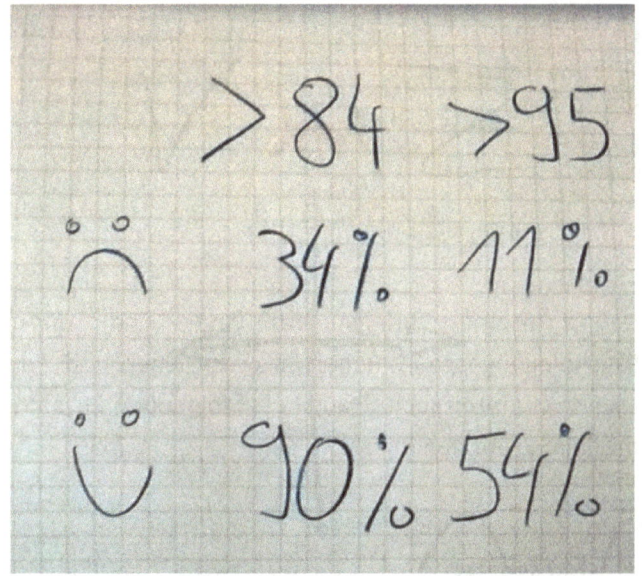

Die von Prof. Martin Seligman Ende der 90er Jahre begründete Forschungsinitiative der Positiven Psychologie hat in den letzten 20 Jahren mit vielen Untersuchungen belegt, dass es wirklich Sinn macht und gesund erhält, auf eine positive Einstellung zu achten.

Seine Arbeit am Konzept der „erlernten Hilflosigkeit" weist direkt darauf hin, wie mentale Haltungen angenommen und unter welchen Bedingungen stabilisiert bzw. geändert werden. In vielfältigen Experimenten bewiesen er und weitere Forscher, wie sich erlebte Erfahrungen zu stabilen Verhaltensweisen entwickeln. Das gilt für positives ebenso wie für ungesundes Verhalten.

> **„Das Leben ist zu kurz,
> um unglücklich zu sein!"**
> *Prof. Martin Seligman, Begründer der
> Forschungsinitiative der Positiven Psychologie*

Davon inspiriert bringen das Vater- und Sohn-Psychologengespann Robert Biswas-Diener und Ed Diener in ihrem Buch „Happiness" folgenden Zusammenhänge auf den Punkt.

☹ **Miesepeter**
- leben fünf Jahre weniger als der Durchschnitt,
- leben häufiger alleine,
- sind suchtgefährdeter.

☺ **Optimisten**
- haben einen belastbaren Freundeskreis,
- sind durchweg gesünder,
- verdienen 1/3 mehr.

Wir sind, was wir glauben

Die Hirn-Forschung zeigt es deutlich: Unser Gehirn ist ein sehr selbstständiges Organ. Es lernt jeden Tag neu hinzu, verändert, verbindet und speichert. Es täuscht uns, simuliert die Welt aus Erfahrungen und macht uns dadurch flexibel und schnell. Wir errechnen im Voraus, und ab und zu macht uns unser Nervensystem sogar Dinge vor, die es gar nicht gibt. Denken Sie an die bekannten optischen Täuschungen. Aber auch typische Sichtweisen und Meinungen basieren auf Erfahrungen und Erfahrungen mit Erfahrungen. Das hat nicht immer seine Entsprechung in der harten physischen Realität, so der Wahrnehmungsforscher David Eagleman.

Welche Konsequenz dies im Alltag nach sich zieht, merken Sie, wenn Sie mit anderen Personen über gemeinsam gemachte Beobachtungen sprechen. Jeder hat die Sache etwas anders (durch seine Brille) wahrgenommen und interpretiert das Geschehene auf seine Weise.

> Passen Sie auf, wie Sie denken.
> An was wann und wo.
> Und wie Sie sich dabei fühlen.

Die Bedeutung der inneren Einstellung für unser persönliches Gleichgewicht wird klarer, wenn wir folgende charakteristischen Mechanismen unseres Gehirns betrachten.

Die Fähigkeit, bewusst die Aufmerksamkeit auf etwas zu richten, birgt die Kraft in sich, die Struktur des Gehirns umzuformen. Die Wissenschaft spricht hier vom Phänomen der Neuroplastizität. Das bedeutet, dass unser Gehirn wandlungsfähig ist. Wir lernen und vergessen. Wir verbinden und überlagern, verstärken und schwächen neuronale Netze – und bestätigen, verändern damit unsere Erinnerungen und Erfahrungsmuster ein Leben lang.

Pflegen Sie Ihre Gedanken täglich, damit pflegen Sie ihr Gehirn.

Denn:

Sie haben nur das Eine Ihr Leben lang.

Placebo-Effekt

Das haben Sie bestimmt schon gehört: Ärzte haben mit Medikamenten Menschen geheilt, obwohl die Medikamente keine Wirkstoffe enthielten. Dieser sogenannte Placebo-Effekt hat mit der inneren **Einstellung** des Patienten, dem **Glauben** an die Wirksamkeit des Präparates und der **Verbindung** zum Arzt zu tun. Sind alle drei Parameter gegeben, sind sehr gute Voraussetzungen vorhanden, dass Heilung stattfindet.

Übertragen wir diese Beobachtung auf unser alltägliches Tun, dann liegt auf der Hand, dass ein positiver, wertschätzender Umgang mit den Mitmenschen auf gute Resonanz stoßen muss.

Positive wie negative Gedanken und Gefühle wirken!

Die Gebrüder Dan und Chip Heath beschreiben in Ihrem Buch Switch eine wunderbare Begebenheit. Sie scheint auf den ersten Blick nicht vollständig erklärbar zu sein, kann jedoch dem Phänomen Placebo-Effekt zugeordnet werden. Die Zimmermädchen eines Hotels wurden in zwei Gruppen aufgeteilt.

Beide Gruppen wurden über die Vorteile von körperlicher Bewegung in Zusammenhang mit Gesundheit und Gewichtsreduktion informiert. Und nur einer Gruppe teilte man mit, dass die Arbeit, die sie jeden Tag verrichten, eine hohe Anzahl an Kalorien verbraucht. Nach einem Monat wurde festgestellt, dass die Damen mit dem Zusatzwissen im Schnitt ein Kilogramm Körpergewicht verloren hatten. Die zweite Gruppe behielt ihr Gewicht[2].

Welches Verhalten kann ich bei mir beobachten?

mit guter Laune:	bei schlechter Laune:
offen für Neues …	lieber alleine sein …
……………………………	……………………………
……………………………	……………………………
……………………………	……………………………
……………………………	……………………………

Nocebos

„Nocebos" sind das Gegenteil von „Placebos" (also Medikamenten ohne wirksame Bestandteile, die dennoch präzise wirken). Nocebos im Alltag sind oft beiläufige, unachtsame Bemerkungen, die wie „Verwünschungen" funktionieren. Die Fehldiagnose eines

---

[2] Heath, C., Switch: Frankfurt 2011

Arztes kann uns krankmachen, auch wenn wir es noch gar nicht sind. Unbedachte Äußerungen eines Chefs können eine(n) MitarbeiterIn so aus dem Tritt bringen, dass er oder sie deshalb toxischen Stress erfährt, zunehmend Fehler macht und letztendlich krank wird.

> **„Der Schaden durch Nocebos ist enorm, das geht in die Milliarden."**
> Manfred Schedlowski,
> Psychologe an der Universität Essen

Positive und negative Gedanken wirken sich direkt im Körper aus – im Guten wie im Schlechten. Werner Bartens schreibt im seinem Buch „Körperglück: Wie gute Gefühle gesund machen" (S. 44): „Negative Gedanken und Ängste sind ansteckend. Sie breiten sich aus. (...) Angst und Ärger wirken sich negativ auf Blutgerinnung und Abwehrkräfte aus. Schlechte Gefühle verstärken die Neigung zu Thrombosen, behindern Immunzellen und erhöhen damit das Infektionsrisiko. (...) Wer unzufrieden ist, dessen Wunden heilen auch schlechter und langsamer. Die entsprechenden Zellen und Substanzen im Körper sind dann gehemmt."

 Welche Placebos helfen mir und anderen?
Wo gibt es Nocebos, die ich entkräften kann?

Starre oder flexible Geisteshaltung?

Entscheidend für das eigene Wahrnehmen, Denken und Handeln ist nicht das Wissen der Welt oder die Vielzahl an Ratgebern und Lehrbüchern. Entscheidend für das eigene Wahrnehmen, Denken und Handeln sind die **eigene Erfahrung**, die eigene Vorstellung, das daraus resultierende subjektive Bild der Welt und der Menschen. Dieses Selbstbild, die Art, in der wir über uns und andere denken, gibt uns jeden Tag den Rahmen für unsere Erlebnisse vor. Es ist wie eine Brille, durch die wir die Welt erleben und formen. Im Talmud steht eine schlaue Beobachtung geschrieben:

> Wir sehen die Dinge nicht, wie sie sind –
> wir sehen sie, wie wir sind.

Die Erkenntnis, dass es immer mehr als eine Handlungs- und Denkoption gibt, ist sehr hilfreich, das Leben lebenswerter zu machen. Bei einer solchen positiven und flexiblen Einstellung handelt es sich um eine gesunde Einstellung und sie stellt deshalb einen wesentlichen Baustein für das eigene Wohlbefinden und die eigene Resilienz dar. Das Selbstbild bzw. die Einstellung bestimmt, ob wir langfristig unser Potenzial entfalten können oder ob wir stagnieren. Das Gute daran: Wir haben es selbst in der Hand. Professor Carol Dweck von der Stanford Universität ist eine der weltweit führenden Forscherinnen der Entwicklungs- und Motivationspsychologie.

Sie beschreibt[3] die Unterschiede eines statischen beziehungsweise eines dynamischen Selbstbilds – und damit die Möglichkeit und Realität zu jeweils gänzlich unterschiedlichen Sichtweisen und Erlebenswelten.

Ein **statisches Selbstbild** ist gekennzeichnet von einer Haltung, die davon ausgeht, dass grundlegende Fähigkeiten wie die Intelligenz nicht entwickelt werden können, sondern vorgegeben sind. Sagt einer von sich „konzeptionell sehr begabt; handwerklich eher Durchschnitt!" bzw. umgekehrt, dann verkehrt sich jeweils nicht nur die Aussage, sondern auch seine potenziellen Entwicklungsräume.

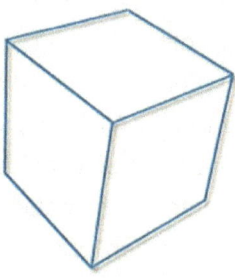

---

[3] Dweck, C., Selbstbild: Wie unser Denken Erfolge oder Niederlagen bewirkt, Frankfurt 2007

Das **statische** Selbstbild führt zu einem Erleben der unveränderbaren Eigenschaften. Dieses Selbstbild ist geprägt von einer fixen Vorstellung von sich selbst. Wahrnehmungen werden nur im (erlaubten) Rahmen gemacht. Es ist so, als ob diese Menschen in einer Situation verhaftet sind. Stellen Sie sich einen Würfel vor, der auf eine Kante fällt.

Ihm fehlt die Dynamik, sich weiterzubewegen. Das Denken, die festgefahrenen Glaubenssätze bewirken nach außen hin ein starres Verhalten. Positionen, Wahrnehmungen, Erlebtes werden stets auf die inneren Möglichkeiten reduziert. Rückschläge werden als unverzeihliche Fehler gewertet.

Solange „meine Möglichkeiten" mit den realen Anforderungen, z. B. denen meines Arbeitsfeldes, übereinstimmen, kann ich mich erfolgreich bewegen und gewinnen. Ändern sich die Umfeldbedingungen, kann mich das ganz unerwartet in eine „verrückte" Situation bringen. Was bisher funktionierte, wirkt nicht mehr. Was ich gut kann, ist nicht mehr relevant. Bleibt mein Selbstbild starr, werde ich erstarren und scheitern. Die Wirtschaftsgeschichte ist voller gefallener Helden, die starr an ihre Erfolgsführerschaft glaubten, geprägt im Sinne eines statischen Selbstbilds.

Ein **dynamisches Selbstbild** ist gekennzeichnet von einer Haltung, die sich auf die Möglichkeit der Entwicklung stützt, d. h. Talente, Fähigkeiten und sogar das Gehirn können entwickelt werden. Wer sich so begreift, interpretiert Anforderungen mehr als eine Angelegenheit des klugen Übens und aktiven Lernens.

Eine dynamische Sicht glaubt mehr an Disziplin und Entscheidung als an angelegte Möglichkeiten.

So führen diese Selbstbilder zu jeweils ganz unterschiedlichen Gedanken und Handlungen. Letztlich bestimmen sie wesentlich, welchen Weg wir einschlagen.

Menschen mit einem **dynamischen** Weltbild kommen mit sich ändernden Anforderungen leichter zurecht. Ähnlich wie bei einer Kugel können sie sich auch im unebenen Gelände ganz gut bewegen, sich um die eigene Achse drehen (Selbsterforschen/Wahrnehmen). Sie „ernähren" sich psychisch von Veränderungen (Neugierde) und sehen Rückschläge als weitere Erfahrungen und Muster, die zum Leben dazugehören (Lernen).

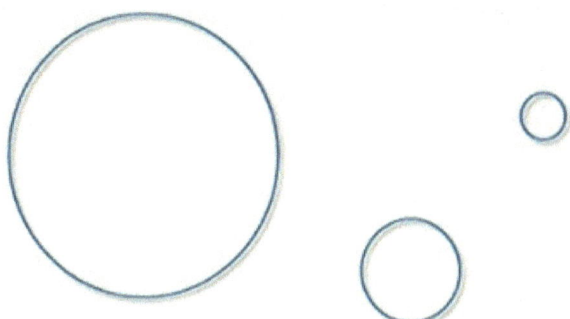

Veränderung ist möglich

Ein statisches Weltbild kann aber auch zum dynamischen konvertiert werden, indem kleine Schritte der Veränderung und Flexibilisierung vorgenommen werden.

Das eigene Selbstbild lässt sich verändern:

„Welche Chancen bieten sich heute,
zu lernen und zu wachsen? Mir?
Den Menschen in meiner Umgebung?"

Carol Dweck, Professorin für Psychologie

Konkret: immer wieder an die Grenze des starren Systems gehen und noch ein wenig darüber hinaus. So lernen wir Neues dazu – mit kleinen Schmerzen und zunehmend mit neugieriger Lust. Immer gerade so viel, wie das System akzeptieren kann, ohne Alarm zu schlagen.

Bildlich gesehen entsteht ein Würfel mit bauchigen Seiten und runden Ecken, also schon deutlich dynamischer und beweglicher.

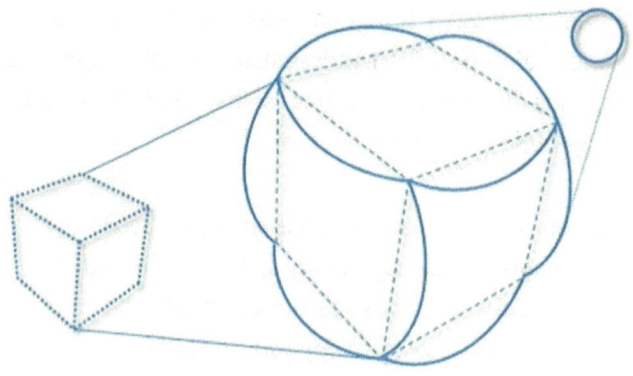

Es erfordert Achtsamkeit und Geduld, den eigenen Gedanken auf die Schliche zu kommen. Das Ziel ist dabei, dem dynamischen Selbstbild näherzukommen, indem das Lernen von Neuem und die Entwicklung über das bestehende Niveau hinaus erfreuliche Möglichkeiten ergeben, die gerne genutzt werden. Denn das dynamische Selbstbild führt zu einer langfristig gesunden Haltung zur Entfaltung der eigenen Potenziale.

Fragen Sie sich:
Welche Vorteile hat ein statisches Weltbild?
Welche hat ein dynamisches Weltbild?

„Nur die tägliche und wiederholte Konzentration auf das Positive in unserem Leben – wie immer es auch aussehen mag – bringt inneres Glück. Wir müssen lernen, eine positive Lebenseinstellung als kluge und gesunde Investition in uns selbst und in unsere Umgebung zu betrachten."

Barbara L. Fredrickson, Professorin für Psychologie, sie leitet an der University of North Carolina at Chapel Hill das Positive Emotions and Psychophysology Lab (PEPLab).

Die von Ihr bereits 1998 vorgestellte Broaden-and-build-Theorie besagt, dass Emotionen das Wahrnehmungs- und Verhaltensmuster beeinflussen können. Beim The Cutting Edge Of Positive Psychology Symposium 2016 in Hamburg untermauerte Sie mit weiteren Forschungsergebnissen, das positive Emotionen wie es z. B. Stolz, Liebe und Neugier sind, erweiternd und aktivierend auf neuronale Netze wirken. Verschiedene Gesundheitsparameter, sowie Kreativität und Spontaneität steigen messbar an, wenn gutes erlebt wird.

Auf ihrer Homepage[4] bietet B. Frederickson einen Positivitätsselbsttest an. In nur zwei Minuten bekommt man eine gute Übersicht über die eigene Glücksratio.

---

[4] http://www.positivityratio.com/

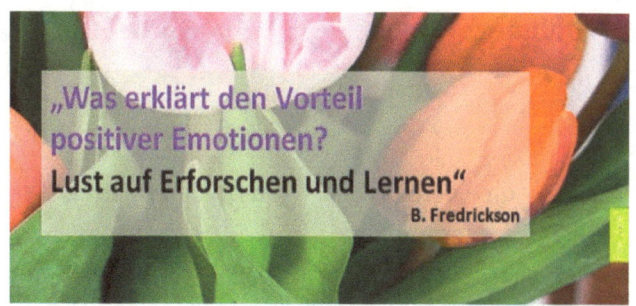

„Was erklärt den Vorteil positiver Emotionen?
Lust auf Erforschen und Lernen"

B. Fredrickson

Die Auswertung der Fragen (auf Englisch) wird in den Kategorien positive und negative Werte aufgelistet. Fredrickson hat in ihren Studien bewiesen, dass sich ab einem Verhältnis von 3 : 1 der „guten" zu „schlechten" Wahrnehmung eine stabile, neutrale Gefühlslage einstellt. Eine sich selbst stärkende, positive Wohlfühllage entwickelt sich bei den meisten Menschen ab einem 5:1-Verhältnis. Es lohnt sich also, auf die vielen kleinen Momente und Dinge zu achten, die einem ein gutes Gefühl verschaffen.

Tipp: Bemühen Sie sich aktiv um die kleinen Dinge, die gute Gefühle schaffen. Setzen Sie sich „Erinnerungen" in Ihrem Alltag, die Sie gezielt immer wieder freundlich darauf aufmerksam machen.

2. Vitalität gewinnen

Vitalität, das bedeutet für jeden Einzelnen etwas anderes. Insgesamt ist sie die Vermengung von körperlicher, geistiger, emotionaler und sozialer Bezogenheit.
Vitalität entsteht durch den Kreislauf von:

Energieaufnahme ↑
Energieabgabe ↓
und Regeneration ○

Da Sie in der Regel auf alle drei Faktoren Einfluss haben, können Sie den Grad Ihrer Vitalität selbst bestimmen und verändern. Sie haben es bisher sowieso schon getan. Nun werden Sie es in Zukunft womöglich etwas bewusster tun.

Vital sein, oder anders ausgedrückt: fit und gesund sein, wirkt sich auf den Körper, die Gedanken und die Gefühlslage aus.
Vital sein, das heißt: eine zuversichtliche, aktive und lebensbejahende Einstellung zu haben. Für manche ist es jugendliche Beweglichkeit gepaart mit dem Wissen und der Erfahrung des Alters.

Körper + Geist + Emotionen
sind im positiven Einklang

Ein gesunder vitaler Lebensstil beachtet die vielen Aspekte des Daseins. Schauen Sie nach Menschen, die eine vitale Ausstrahlung zeigen, was ist wohl ihr Geheimnis? Sicher gehört dazu eine Form der Selbstachtsamkeit, die sich als positive Verhaltensweise eingeschlichen hat. Vitale Menschen scheinen bejahender durchs Leben zu gehen. Und es ist tatsächlich so, dass sich Vitalität in allen Lebenslagen als eine günstige Form der Resilienz auszahlt. Stress wird so per se besser bewältigt.

Naturgesetz: Wachstum oder Abbau

Wird ein System, eine erlernte Fähigkeit oder unser Gedächtnis nicht gefordert, bildet es sich zurück. Das hat die Natur so eingerichtet. Etwas wächst oder geht ein. Muskeln können relativ rasch aufgebaut werden. Wenn sie jedoch nicht genutzt werden, ist unser Körper so intelligent, dass es den nicht genutzten Energieverbraucher wieder abbaut. Das gilt ebenso für Fremdsprachen oder Tanzschritte, wie manch einer nach Jahren der Abstinenz beim Betreten der Tanzfläche überraschend erfährt.

Weil die Natur ist, wie sie ist, genügt es also nicht, etwas nur zu wisssen. Es reicht auch nicht aus, Neues gar einmal zu tun. Zum Verändern und Erhalten müssen Impulse zur Aufrechterhaltung im Gehirn ankommen. Das funktioniert nur über eine gewisse Regelmäßigkeit beim Tun (üben, üben, üben).

Trainieren Sie Ihre Gedanken auf Vitalität.
Lenken Sie Ihre Aufmerksamkeit regelmäßig darauf. Spüren Sie Ihrer eigenen Vitalität nach. Seien Sie offen für das, was ist!

Vitalität entsteht nicht von alleine. Es ist an Ihnen, auf sich zu achten und aktiv und persönlich die kleinen Entscheidungen für Ihre Gesundheit und Leistungsfähigkeit zu treffen und diese täglich aktiv umzusetzen. Täglich bedeutet: Sich um sich selbst zu kümmern, jeden Tag aufs Neue …
In der gleichen Zeit, in der Sie übers „Nichtfunktionieren" nachdenken, können Sie ebenso gut über „Was wäre möglich?" sinnieren. Ersetzen Sie „Geht nicht!" durch „Wie könnte es gehen?". Sie werden bald merken, dass sich mit dieser Haltung mehr fröhliche Lebensqualität einschleicht.

Vitalität + Verhalten

Man kann auch sagen: Vitalität ist Einstellungs- und Verhaltenssache. Körperliche und geistige Beweglichkeit sind praktisch. Sie müssen stets ausgeübt und weiterentwickelt werden, sonst werden sie wieder abgebaut. Wie lautet nun die praktische Formel für mehr Vitalität?
Gesunde Ernährung und **genügend Bewegung**, **richtiges Entspannen** und eine **ausreichende Regeneration**. Das alles verbindet sich zu einer **gesunden Haltung** mit positiver Lebenseinstellung, die mehr

Vitalität schafft. Allerdings reicht das Wissen allein nicht aus.

Es braucht sowohl Bewusstheit für das ICH als auch die alltägliche Umsetzung. Das kann nur durch das **Tun gelingen**. Spüren Sie immer wieder nach, wie es sich anfühlt, zu 100 % vital zu sein.

> „Gesundheit kauft man nicht im Handel,
> denn sie liegt im Lebenswandel!"
> *K. Kötschau, Medizinprofessor*

*Was bedeutet für Sie Vitalität,
was fällt Ihnen dazu ein?
Welche Maßnahmen stützen
Ihre Vitalität?
Wie gehen Sie mit sich um?*
Alltäglich, im Besonderen, unter Druck.

Selbst-Achtsamkeit: Ihr Gesundheitsradar

Führen Sie mehr Selbstachtsamkeit in Ihren Tagesablauf ein. Hören Sie auf Ihren Körper, spüren Sie in sich hinein. Welche Signale und Anzeichen im Positiven wie Negativen können Sie wahrnehmen?

Fit sein gelingt also leichter mit einer gesunden Haltung. Sie birgt außerdem das Potenzial eines positiven Umgangs mit sich selbst. Machen Sie es wie

Profisportler und reflektieren Sie Ihr Tun und Handeln. Hier sind drei Fragen dazu:

Ist alles in Ordnung? Sind Sie mit dem Ergebnis zufrieden? Wunderbar – dann gratulieren Sie sich dazu. Klopfen Sie sich mit einem Lächeln auf den Lippen auf die Schulter.
Oder haben Sie den Eindruck, mehr oder weniger auf Autopilot gestellt zu sein? Das Leben läuft einfach nur ab? Dann ist es womöglich Zeit, sich mit gesunden Zielen zu beschäftigen. Ziele, die Sie wieder auf vitalen Kurs bringen.

Schreiben Sie Ihre Zielvorstellungen auf. Dabei ist es wichtig, dass Sie diese klar und positiv, also ohne Verneinung, formulieren. Anstelle von „Ich möchte nicht mehr so viel wiegen …", formulieren Sie besser: „An Weihnachten trage ich wunderschöne Kleider in der Größe XY und fühle mich wohl darin."
Eine gute Hilfe bei der Zielformulierung bietet die im Projektmanagement angewandte SMART[5]-Methode. Danach werden Ziele spezifisch, messbar, akzeptabel, realistisch und mit Datum (terminierbar) verfasst.

Entscheidend ist das Gefühl, das Sie dabei haben, wenn sich etwas verändern soll. Denn Ihre Emotionen sind die Triebfeder zum Gelingen, aber auch der

---

[5] http://de.wikipedia.org/wiki/SMART_%28Projektmanagement%29

erste Störenfried, wenn sie bei der Zielplanung missachtet werden. Üben Sie deshalb immer wieder das positive Empfinden. Stellen Sie sich vor, wie es sich anfühlen würde, wenn Sie Ihr Ziel bereits erreicht hätten.

Leben Sie Ihre Ziele – jeden Tag!
Erfolgreiche Menschen kümmern sich um eine gute, also passende Zielsetzung und arbeiten kontinuierlich an ihren Zielen. Sie haben meist ihre Ziele griffbereit oder auch gut sichtbar platziert. Emotionale Verstärker wie Bilder vom gewünschten Ergebnis helfen dem Geist, auf der Spur zu bleiben. Gestalten Sie sich ein Motivationsboard, z. B. mit Fotos von sich selbst mit schlanker Figur oder sportlichen Auszeichnungen auf dem Kühlschrank.

Denken Sie sich zusätzlich Formeln (Affirmationen) aus, die die positive Zielstellung in sich tragen. Etwa so: „Ich bewege mich täglich etwas mehr, fahre im Sommerurlaub schlank ans Meer." Wiederholen Sie Ihren Satz morgens im Bad, wenn Sie sich im Spiegel anschauen. Sie können das „Zielfühlen" verstärken, indem Sie passende Körperbewegungen dazu machen. Stärken Sie den Glauben in sich, dass Sie es schaffen werden, durch Wiederholungen. Feiern Sie das Erreichen von Teilzielen, diese sind immer eine Bestätigung, dass Sie sich auf dem richtigen Weg befinden.

Beschäftigen Sie sich regelmäßig mit Ihren Zielen.

Nur wenn Herz und Verstand in die gleiche Richtung gehen, kann das Ziel, sei es noch so groß, auch erreicht werden.

Klaus Kämmerhahn

Vital ernähren

Gesünder ernähren: Gesund, was heißt das?
Wenn wir genau hinschauen, stellen wir fest, dass wir ziemlich häufig unbewusst irgendetwas in den Mund nehmen, weil uns unsere Umgebung dazu animiert.
Wir verzehren mehr, als uns lieb ist, weil es außerhalb der Hauptmahlzeiten an jeder Ecke zahlreiche Verlockungen gibt. Gehen Sie ins Kino, ohne an der Kasse noch Popcorn oder Chips mit einem Getränk mitzunehmen?

Aus Verhaltensforschungsexperimenten[6] in Kinos ist bekannt, dass Menschen sogar fümf Tage altes, nicht schmeckendes, quietschendes und außerdem schwer zu kauendes Popcorn essen, wenn es sich um eine

kostenlose Beigabe handelt. Sie verspeisen sogar übergroße Tüten davon. Manch eine der Versuchspersonen verglich das Popcorn mit Styroporkugeln und griff trotzdem immer wieder in die Tüte. Wie kommt es dazu? Im Verlauf des Films raschelt immer wieder mal jemand mit der Tüte. Das löst einen unbewussten Impuls aus. Sie wurden daran erinnert, nach dem (Futter) Popcorn zu greifen. Im selben Experiment wurde auch festgestellt, dass größere Tüten bzw. Behältnisse zu mehr Konsum führten. So leicht lassen wir uns also verführen.

---

[6] http://foodpsychology.cornell.edu/research/summary-popcorn.html

Das Leben ist kein Schnellrestaurant:

Schnellesser haben schon in drei Minuten die Hauptmahlzeit bewältigt und fühlen sich noch nicht satt. Deshalb legen sie nach. Menschen mit diesem Essverhalten haben eine 3-mal höhere Tendenz zum Übergewicht. Der Zusammenhang zwischen Essgeschwindigkeit, Sättigungsgefühl und Übergewicht lässt sich leicht erklären. Bis der Magen dem Gehirn signalisiert, dass es mit dem Essen aufhören kann, vergehen bis zu 20 Minuten.

Egal, ob Menschen alleine oder in der Kantine essen, viele sind vom hastigen Essen betroffen. Wer in der Mittagspause das 3-Gänge-Menü Schnitzel – Pommes – Salat mit mehr als 1000 kcal innerhalb weniger Minuten verschlingt, gefährdet seine Gesundheit.

Das Verschlingen bereitet der Verdauung Probleme. Es ist anstrengend für unseren Magen, das Durcheinander an Speisen auf einmal zu bewältigen. Dadurch kann es zu Verdauungssaussetzern kommen. Unverdautes kann dann den Verdauungstrakt belasten. Auch stärkehaltige Lebensmittel benötigen mehr Zeit, bis sie verdaut werden. Normalerweise beginnt die Verdauung von Stärke bereits durch den Speichel, der die Kohlenhydrate mit den darin enthaltenen Enzymen aufspaltet. Bleibt das Essen nur kurz im Mund, gelingt die Aufspaltung nicht. Es werden deshalb nicht alle Nährstoffe herausgelöst. **Gut gekaut ist tatsächlich halb verdaut,** wie der Volksmund sagt.

Vitalität durch Vitalstoffaufnahme gewinnen.

Frische Nahrungsmittel sind natürliche Nährstoffträger. Industrieprodukte sind darauf ausgelegt, lange haltbar und möglichst einfach zubereitbar zu sein. Sie haben mehr Kalorien. Sie enthalten oft die ungesunde Kombination von Zucker und Fett im „idealen" Verhältnis von 50 : 50, ergänzt durch Zusatz- und Konservierungsstoffe. In der Regel wissen wir das. Aber warum essen wir sie trotzdem? Weil die Zusammensetzung industriell-produzierter Nahrung so gewählt ist, dass unser Nervensystem positiv anspricht und mehr davon verlangt. In unserem Gehirn werden durch das 50:50-Fett-Zucker-Verhältnis sogenannte Belohnungsnetzwerke angesprochen und so werden wir auf physiologischer Ebene freundlich eingeladen, mehr und weiter zu essen, wie der Neuroforscher Paul Kenny feststellt, der sich auf Fragen von Essen und Sucht spezialisiert hat. Und weil es uns die Umgebungsbedingungen leichtmachen – schnell gekauft, schnell zubereitet, schnell gegessen. Wenn wir das jeden Tag so machen, bleiben negative Folgen auf unsere Gesundheit unausweichlich.

Wir sind in unserer Evolution nicht darauf vorbereitet worden, so dass unser Stoffwechsel chronisch von diesen neuen Möglichkeiten überlastet wird.

Wie lässt sich ein solches unvorteilhaftes Verhalten ändern? Da es keine Wunderlösungen gibt, heißt der Ausweg die **Gewohnheiten ändern**.

Indem Sie ein kluges Umfeld schaffen und den Rhythmus ändern.

Der Mediziner und Kabarettist Eckhart von Hirschhausen hat es so formuliert: *„Wer abends auf dem Sofa vor dem Fernseher keine Chips essen möchte, sollte tagsüber keine einkaufen."*

Ganz praktisch können Sie für sich eigene „Hausregeln" ersinnen. Hier ein Beispiel für das Einkaufen:

Pro Fertiggericht oder Süßigkeiten, die Sie in den Einkaufswagen legen, legen Sie ein Teil frisches Obst oder Gemüse dazu.

Das klingt einfach, ist es auch. So umgehen Sie mögliche Widerstände, die sich automatisch aufbauen, wenn Sie strikt nur das eine oder das andere kaufen müssen oder dürfen. Mit dieser Art von Einkauf können Sie auch schrittweise Lebensmittel von „normal" auf Vollkorn umstellen. Oder was auch immer Sie sich vornehmen.

Was fällt Ihnen jetzt spontan ein, welche Regel wäre für diese Woche von Vorteil?
Notieren Sie es jetzt gleich.

Zu Hause angekommen, können Sie die Mahlzeiten nach diesem Muster ebenfalls leicht verändern. Ergänzen Sie oder vermischen Sie Ihre Nahrung so, dass mit der Zeit immer mehr Teile Gesundes auf dem Teller landen.

Fragen Sie sich: Wie könnte ich mich oder andere mit einem kleinen gesunden Kochkunststück überraschen? Wenn Sie nicht versiert sind, beginnen Sie mit etwas, das Ihnen leichtfällt und natürlich auch schmeckt. Selbst eine kalte Platte kann toll wirken, wenn Sie mit Fantasie angerichtet wird.

Für Verspielte: Hier gibt es viel Spielraum für spaßige Experimente. Kreative Restaurants bieten Kindergerichte, die das Menü als Bild darstellen. Die Tomaten als rote Ohren am Schnitzel und ein Salatblatt als Frisur. Gekonnte Zeichnungen mit Senf oder Soße können amüsieren und machen unter Umständen nicht nur für Kinder das Essen attraktiver.

Welche Kreation fällt Ihnen für heute Abend ein?

_____

_____

_____

Hunger versus Appetit,

Essen von der Laune getrieben (emotional eating)

Beobachten Sie sich und prüfen Sie, wann und in welchem Zusammenhang Sie häufiger etwas zwischendurch essen. Gibt es Verknüpfungen zu stressreichen Situationen? Essen Sie etwas, um sich zu beruhigen oder besser zu fühlen?

Dann hat Ihr Körper eine Strategie entwickelt, die funktioniert und in den meisten Fällen auch sichtbar ist. Kommt dieses Verhaltensmuster eher selten vor, ist es unbedenklich – das kann Ihr Körper ausgleichen. Wenn die gefühlte Belastung jeden Tag dazu animiert mehrere Snacks einzunehmen, sind das übers Jahr gerechnet einige 10.000 kcal mehr als gut ist.

 Machen Sie sich die Zusammenhänge bewusst. Prüfen Sie, welche Situationen sich verändern lassen, so dass der Essreiz nicht mehr aufkommt. Substitution: anstatt industriell gefertigter Süßigkeiten frisches Obst essen.

Wählen Sie häufiger Apfel, Birne oder ein anderes Obst, das Ihnen schmeckt, statt eines Schoko-Riegels. In vielen Fällen reicht es schon, einen Apfel zu waschen und klein zu schneiden, um das Frustessen bleiben zu lassen. Ganz nebenbei haben Sie sich mit einer kleinen, erholsamen Pause verwöhnt.

Das Gegenteil tun!

Gerade wenn es hektisch zugeht, wird am (gesunden) Essen und **Genuss** gespart. Noch schneller essen funktioniert nicht und macht auch keine Freude. Hier lautet eine erfolgreiche Regel: Das Gegenteil tun! Also nehmen Sie sich bewusst eine Auszeit zur Regeneration, Ablenkung und zum lustvollen Essen.

Kantinenportion für jeden gleich groß?

Egal, ob Frau mit 50 kg oder Mann mit 100 kg, alle bekommen so ziemlich die gleiche Portion auf den Teller. Da kann die Kalorienverbrauchsrechnung nicht aufgehen. Also heißt es hier, sich selbst gesund führen und nur so viel vom Teller essen, bis ein Sättigungsgefühl erreicht ist. Wenn Sie eine Zeit lang konsequent darauf hören, werden Sie merken, dass die Portionen nach und nach kleiner werden.

 Kauen Sie jeden Bissen mindestens 20-mal. Dadurch wird die Mahlzeit bekömmlicher, Sie haben länger etwas vom Essgenuss.

Erziehungsprägung: Teller leer essen

Es ist ein ungesunder Mythos, der durch die Esszimmer schleicht. Wir sind schon als Kind daran gewöhnt worden, den Teller leer zu essen, und tun es heute immer noch. Prüfen Sie für sich, ob diese antrainierte Strategie heute noch Sinn macht. Achten Sie ab nun vermehrt darauf, dass schon beim Verteilen der Mahlzeiten die passende Portionsgröße auf Ihrem Teller landet.

Laden Sie sich spielerisch nur kleine Portionen auf und genießen Sie diese.

> „Essen ist eine höchst ungerechte Sache:
> Jeder Bissen bleibt höchstens zwei Minuten
> im Mund, zwei Stunden im Magen,
> aber 3 Monate an den Hüften."
> *Christian Dior, Modedesigner*

Die Stimmen aus dem Hinterkopf: „Den Rest muss ich wegwerfen!" oder „Das kann man nicht einfrieren!" können Sie besänftigen mit neuen Argumenten des Verantwortlichseins für die eigene Vitalität und die Zufriedenheit mit „Gewicht und Form".

Das ewige Quäntchen Zuviel sorgt durch das daraus entstehende Übergewicht und die bekannten Folgekrankheiten für größere Schäden.

Starten Sie ab jetzt mit neuen Gewohnheiten, die ohne brachiale Selbstüberredung auskommen. Folgen Sie Ihrem Typus und ändern Sie sie in kleinen

Schritten. Machen Sie Verträge mit sich selbst. Notieren Sie sich Ihre Wünsche und halten Sie die Ergebnisse fest. Sie wissen schon: eigener Trainer sein, trainieren und dokumentieren.

TIPP

Machen Sie es sich leichter, indem Sie kleine Dinge verändern. Starten Sie mit einer einfachen neuen Gewohnheit. Suchen Sie sich verbündete, die Sie bei Ihrem Vorhaben unterstützen. Schaffen Sie sich Erinnerungshinweise die Sie täglich sanft aber bestimmt in Ihrem Vorhaben bestärken.

Lesen Sie nachfolgend „Beispiel-Verträge", die Sie mit sich selbst abschließen können:

- **Geben-Nehmen-Prinzip:** „Wenn ich heute einen bunten Gemüseteller esse, dann darf ich mir einen Nachtisch leisten." (IST KRITISCH ZU BETRACHTEN, die meisten Studien belegen, dass wir dann noch mehr ZUCKER aufnehmen).
- **Rituale schaffen:** „Nachtisch gibt es nur an drei von sieben Tagen in der Woche."
- **„Unbequemlichkeiten" einrichten:** „Ich platziere ungesunde Nahrungsmittel weit hinten im Schrank!"

Gewohnheiten geschickt ändern

Falls Sie sich schon einmal zum neuen Jahr eine Verhaltensänderung vorgenommen haben, wissen Sie, dass das gar nicht so einfach ist. Ob Sie sich mehr Bewegung, grundsätzlich gesünderes Essen vorgenommen haben oder sich gar das Rauchen abgewöhnen wollten. Es funktioniert nicht immer, das, was vernünftig und gut scheint, auch wirklich dauerhaft umzusetzen. Meist bleibt der innere Schweinehund Sieger.

Woran liegt das? Ziele, die allein „vom Kopf gemacht" werden, also auf purer Einsicht und Vernunft basieren, finden kaum ungeteilten Zuspruch und Begeisterung auf der Gefühlsebene. Wir essen vielleicht drei Tage nacheinander abends Salat, aber dann entdeckt das hungrige Krokodil im Stammhirn die Wurst im Kühlschrank, die Schokolade auf dem Sideboard. Tausend Gründe fallen einem ein, warum Wurst und Pralinen jetzt gegessen werden müssen! Schon ist es vorbei mit der Disziplin und dem schönen, neuen Verhalten.

Einfacher, angenehmer und vor allem erfolgreicher sind da kleine Veränderungen, die sich fast unbemerkt in das Tagesgeschehen einschleichen.

Beispiel Ernährungsumstellung: Der amerikanische Ernährungsforscher Brian Wansink hat über Jahre die Essensgewohnheiten von US-Bürgern analysiert. Er kommt zu dem Schluss, dass minimale Veränderungen, wie z. B. das Aufbewahren von Süßigkeiten an unbequemen Orten, eine direkte und günstige Auswirkung auf ungünstiges Essverhalten und das (Über-)Gewicht haben.

Wirklich simpel: Omas Teller-Methode

Falls Sie Zugriff auf das Service Ihrer Oma haben, werden Sie beim Vergleich mit dem heutigen Geschirr feststellen, dass Omas Essenteller einen kleineren Durchmesser haben. Sie sind rund 10 % kleiner als Ihr modernes Ess-Geschirr.

Das Wansink-Team hat herausgefunden: Wir beladen unsere Teller proportional. Ein größerer Durchmesser hat so zur Folge, dass mehr auf den Teller muss, damit das „Bild" stimmt. Mit Omas Tellers sparen Sie also „ganz gewöhnlich" und ohne zu verzichten ca. 10 % der gewohnten Menge ein. Im Effekt sparen wir übers Jahr so viel an Kalorien ein, dass 4 – 7 kg Gewichtsregulation möglich sind – je nach persönlichem Regulierungsbedarf, ohne Anstrengung, ohne Verzicht.

Mit der **Methode des minimalen Verzichtens** überlisten wir unser „Gewöhnt-Sein" oder vielleicht noch klarer: unser „Verwöhnt-Sein".
„Die beste Diät ist diejenige, die man gar nicht wahrnimmt", ruft uns Brian Wansink zu.

Vital bewegen

Ähnlich wie beim Themenfeld Ernährung, geht es bei der Bewegung darum, gesundes und leicht umsetzbares Verhalten aufzubauen oder beizubehalten. Vitalität ist individuell. Suchen Sie Ihre Bewegungsart, eine, die Ihnen Spaß bereitet.

Der Mensch ist evolutionsbiologisch gesehen ein Bewegungstier mit Bequemlichkeitstendenz. – So haben wir es uns bequem gemacht in der modernen Welt. Bewegung wurde elegant wegrationalisiert. Es gibt Autos, Aufzüge, Nahverkehrssysteme, die uns fast von der Haustür bis zur Arbeit oder zum Supermarkt bringen. Im 17. Jahrhundert, als Tagelöhner oder Bauer ein gängiger Beruf war, benötigten die Menschen aufgrund der schweren körperlichen Arbeit 3000 – 4000 Kalorien täglich. Heute sind es durchschnittlich nur noch halb so viel. Ein Bürojob bedarf keiner gestählten Muskeln, die 14 Stunden hart arbeiten. Im Gegenzug sind wir aber außergewöhnlich privilegiert: Es war in der Geschichte der Menschheit noch nie so leicht wie heute, über Kalorien in fast unbegrenzter Menge zu verfügen. Das Motto: Essen immer und überall, bewegen, wenn es sich nicht verhindern lässt. Also gilt es zu entdecken und zu lernen, wie Essen und Trinken gesund machen und das richtige Maß an Bewegung zu mehr Vitalität führen kann.

Die WHO empfiehlt jedem Erwachsenen ca. 7.000 Schritte am Tag zurückzulegen, damit ein Grundumsatz an Bewegung entsteht, der Kalorien verbraucht.

Gleichzeitig werden der Bewegungsapparat, der Kreislauf und die Koordinationsfähigkeit in Schuss gehalten. Dem Gehirn wird signalisiert: Die Muskeln sind keine überflüssigen „Energie-Verbraucher", sondern werden tatsächlich benötigt; folglich werden sie nicht abgebaut. Geschieht der Spaziergang, das Joggen etc. in der freien Natur, wird zudem noch das Immunsystem durch Licht, Sauerstoff- und Vitaminproduktion gestärkt. Die aktuelle, wissenschaftlich fundierte Empfehlung lautet: Bewegen Sie sich 30 Minuten am Tag. Mit moderater Anstrengung, leicht erhöhtem Plus und der einen oder anderen Schweißperle, so reduzieren Sie das Risiko für fast alle Zivilisationskrankheiten spürbar und gewinnen Energie und Lebensfreude als positive Beigabe. Bewegungsmangel wird heute als ein wesentlicher Risikofaktor für chronische Erkrankungen verstanden.

Die X Bequemlichkeit kann mit ein paar kleinen Tricks überlistet werden, z. B. mit dem **„Mikrotrainingskonzept"**: Mikrotrainingseinheiten bieten sich immer wieder und ohne Anstrengung bei ganz alltäglichen Gelegenheiten:

Nutzen Sie Treppen: Gehen Sie möglichst immer die Treppe, anstatt den Aufzug oder die Rolltreppe zu nehmen. Dadurch unterbrechen Sie bewusst die bequeme Automatik.

Entdecken Sie die nächste Gelegenheit: Gehen Sie im Büro zum übernächsten Kopierer oder evtl. an den Kaffeeautomaten in der Nachbarabteilung. Positive „Kollateral-Effekte", wie eine bessere Kommunikation mit anderen Abteilungen, sind nicht auszuschließen.

Extrameter sammeln: Parken Sie Ihr Auto nicht direkt am Ziel (z. B. Arbeitsplatz), sondern etwas weiter weg. So sammeln Sie ein paar Extrameter zu Fuß.

Optimale Trainingszeit

Vermutlich haben Sie auch schon festgestellt, dass es an manchen Tagen mit der Bewegung nicht so leicht läuft. Das ist normal, das kennen auch Profisportler. Es hängt mit den vielen komplizierten Rhythmen in unserem Inneren zusammen. Britische Forscher haben herausgefunden, dass Frühaufsteher, die gewöhnlich ihr Leistungshoch gegen Mittag haben, ihr Leistungsniveau über den Tag verteilt eher gleichmäßig halten können. Bei den Spätmenschen sind zwischen morgendlichem Tiefpunkt und abends gewaltige Unterschiede zu messen.[7] So erklärt sich, warum das Mitmachen bei der Laufgruppe morgens für den einen ein echter Wachmacher ist, während sich der andere meterweise dahinquält – und quälen sollte Ihr Bewegungsprogramm nicht.

---

[7] http://www.cell.com/current-biology/abstract/S0960-9822%2814%2901639-X

Viele Berufsgruppen haben einseitige Belastungen wie langes Stehen oder Sitzen auszuhalten. Und dann kommt da noch das dazu: vor dem Fernseher sitzen, vor dem Computer sitzen und Autofahren, wieder sitzen.

Einige gute Lösungsansätze bieten die Erkenntnisse der NASA-Wissenschaftlerin Joan Vernikos. Sie untersuchte, wie leichte Bewegungen die Gesundheit fördern können, indem wir die Schwerkraft clever in unserem Alltag nutzen. Schon einfaches, kurzes mehrmals über den Arbeitstag verteiltes Aufstehen zeigt sehr positive Auswirkungen auf unseren Organismus. Die eine Stunde sportliche Aktivität am Abend führt wohl zur Zufriedenheit und gefühlten Fitness, gleicht aber die negativen Folgen eines „ausgesessenen" Tages nicht aus. Besser ist es, alle 15 – 20 Minuten kurz aufzustehen, sich zu strecken oder zu bücken.

Überprüfen Sie für sich:

- Was ist aktiv und macht Ihnen Spaß?
- Welche Bewegungsformen liegen Ihnen?
- Wann machen Sie Rückenschule? Wenn es bereits weh tut oder schon früher?
- Gibt es in Ihrem Unternehmen oder Umfeld Bewegungs- und Gesundheitsangebote, die Sie ansprechen?

Vital verhalten

Wir tun mehr Gutes, als wir denken. Manches vergessen wir einfach. Wenn wir es uns jedoch notieren, ist es leichter, bewusst wahrzunehmen, was wir bereits erreicht haben.

Wir können zunehmend stolz darauf sein und ermuntern uns dadurch gleichzeitig zu weiteren Anstrengungen. Das ist eines der Geheimnisse des professionellen Trainings: das Tracking – bewusst nachzuverfolgen und so auch kleinste Veränderungen wahrzunehmen.

Sie haben nun die Gelegenheit, Ihr eigener Trainer zu werden und mit einer knappen Bestandsaufnahme zu starten. Die folgende Checkliste verhilft Ihnen dazu, schnell einen Überblick über Ihre Gewohnheiten zu erhalten. Auf einfache Weise erhalten Sie eine gute Übersicht über Ihre persönlichen Muster und wie Ihr tatsächliches Vitalitätsverhalten aussieht.

Es ist Ihre Liste. Sie wird ausnahmslos von Ihnen geführt und ist für Ihre persönliche Beobachtung gedacht. Kein anderer Mensch bekommt sie zu Gesicht – es sei denn, Sie wollen es. Niemand verpflichtet Sie zu etwas. Lassen Sie sich also ganz entspannt auf das kleine Selbstbeobachtungsexperiment ein. Es hilft Ihnen, zu verstehen, wie Sie sich meistens verhalten. Der Überblick kann der Ausgangspunkt für Zielsetzungen und Maßnahmen werden.

Sie können die Liste täglich oder wöchentlich führen, erweitern und anpassen.
Beginnen Sie jetzt damit.

Aus der Neuroforschung wissen wir, dass sich das Gehirn lebenslang beweglich zeigt, sich sogar täglich verändert.

	Nahrung Art & Menge	Wasser-trinken	Alkohol-verzicht	Rauch-verzicht
Top				
Gut				
OK				
Schlecht				
Miserabel				

Jede neue Wahrnehmung sorgt für neue Verschaltungen. Rüstige Alte lassen sich dann antreffen, wenn diese ihr Leben lang neugierig und offen waren, wenn sie sich mit Dingen beschäftigten, die ihnen etwas bedeuteten, die Körper und Geist gleichsam beanspruchten. So kann Gartenarbeit, die Freude am Tanzen oder das begeisterte Jonglieren für Neuverdrahtungen und Wachstum der Nervenzellen im Gehirn sorgen – und uns lebendig, freudig und offen halten.

Und noch etwas entdeckten die Forscher. Es ist entscheidend, wie wir mit uns selbst umgehen.

Ein wertschätzender Umgang mit sich selbst ist ein Erfolgsrezept!

Es macht einen enormen Unterschied, ob wir – nachdem wir etwas vermasselt haben – uns im Selbstgespräch kritisieren oder es neutral akzeptieren und uns bestätigen, dass es das nächste Mal klappt.

⚽ *Wie lauten Ihre Antworten auf die Fragen:*
Wie gehe ich mit mir um?
Was will ich ändern?

Glücksradius und Genetik

In einer Studie, die auf über 20 Jahre Beobachtung basiert, haben die Forscher Christakis und Fowler Folgendes herausgefunden: Die Wahrscheinlichkeit, glücklicher zu werden, steigt um 25 %, wenn ein befreundeter Mensch in einem Radius von 1,5 km wohnt. Ist ein Freund unter den Nachbarn, erhöht sich die Wahrscheinlichkeit auf 34 %.[8]

Vitale Menschen gehören mehrheitlich zu dem Bevölkerungsanteil der Zufriedenen und Glücklichen.

---

[8] http://www.bmj.com/content/337/bmj.a2338.full

Ebenso wie uns Wesenszüge von den Verwandten mitvererbt werden (ca. 50 %), gibt es das auch im Zusammenhang mit der inneren Zufriedenheit.

Ungefähr ein Drittel **unserer Lebenszufriedenheit** ist genetisch bedingt. Das heißt, die Art, wie wir Geschehnisse interpretieren, wird im Laufe unseres Lebens zu zwei Dritteln aus unseren Erfahrungen gelernt. Das hat die Wissenschaftlerin Elisabeth Hahn an der Uni-Saarland in einer größer angelegten Studie belegen können.

Für ihre Untersuchung befragte sie eineiige Zwillinge. Da diese genetisch zu 100 % identisch sind, spricht viel dafür, dass Unterschiede zwischen ihnen durch Umwelteinflüsse bedingt sind. Die gute Nachricht ist, dass wir unsere Verhaltensmuster neu gestalten können. [9] Das Gehirn ist ein Leben lang auf Lernen programmiert. Miesepeter können also umlernen, benötigen dafür aber Lern- und Übungs-Zeit. Ein Coaching kann an dieser Stelle eine nützliche und sehr wirksame Methode sein, um Lernen und Veränderung zu unterstützen.

---

[9] http://www.uni-saarland.de/nc/aktuelles/artikel/nr/11476.html

Nutzen Sie hierfür Ihr Notiz- und Trainerbuch, um über einen längeren Zeitraum die Energiefresser und Energiegeber herauszufinden. Eliminieren Sie so gut es geht alles, was Ihrer Vitalität im Wege steht. Fördern Sie die Möglichkeiten, Energiegeber häufiger als die Energiefresser zu erleben.

Stellen Sie sich immer wieder mal diese Frage auf der nächsten Seite:

Schwächt oder stärkt das was ich tue meine Gesundheit?

3. Balance halten

Die richtige Balance, d. h. einen Ausgleich zwischen Anspannung und Entspannung zu finden und zu halten, ermöglicht uns, über längere Zeitabschnitte kraftvoll zu sein und gesund zu bleiben.

In der Natur lassen sich viele rhythmische Muster und Wechselspiele erkennen, die uns völlig vertraut sind: der Wechsel von Tag und Nacht, die Jahreszeiten, Ebbe und Flut, um nur einige davon zu nennen.

Auf Anspannung folgt Entspannung – nach Regen folgt Sonnenschein, auf Sonnenschein folgt Regen.

Fehlendes Selbst-Bewusstsein

Viele Menschen achten auf ihr Auto – hegen und pflegen es –, aber wie gehen sie mit sich selbst um? Würden Sie mit Ihrem Auto die ca. 1900 km lange Strecke von Berlin nach Barcelona in einem Stück mit Vollgas fahren? Wohl eher nicht. Auch einem Nicht-Techniker ist klar, dass dies zur Überlastung des Systems führen würde. **Was wir einem Auto nicht antun würden, muten wir uns aber selbst regelmäßig zu.** Viele gehen täglich an die Belastungsgrenze und sogar leicht darüber hinaus. Von morgens bis abends. Woche für Woche. Jahrein, jahraus. Das hinterlässt Spuren, vielleicht nicht gleich spürbar, aber auf jeden Fall messbar.

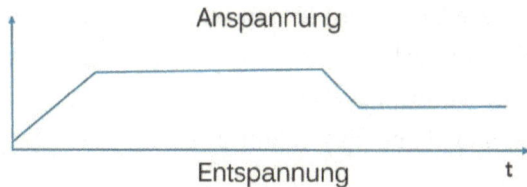

Ungesunder Rhythmus: Ab dem Aufwachen gibt es keine Ruhe, abends wird nicht richtig abgeschaltet. Die andauernde Anspannung ist eine Überlastung. Die Leistung sinkt, Fehler entstehen. Krankheiten werden wahrscheinlicher.

Ständige Anspannung überfordert unser Nervensystem; das Abschalten wird schwieriger. Dabei wird der Sympathikus überbetont und der parasympathische Zweig gehemmt.

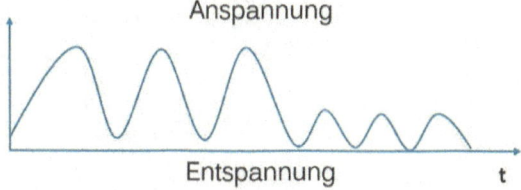

Gesunder Rhythmus: Anspannung, Entspannung und die Intensität wechseln sich ab. Kraft wird in den Ruhezeiten getankt. Leistung wird gezielt abgegeben. Alles hat jedoch seinen eigenen Rhythmus, um die Wirkung auf dem Höhepunkt zu entfalten. „Wir haben eine innere Uhr", sagt der bekannte Chronobiologe Till Rönneberg, „auf die es sich zu hören lohnt."

Auf die innere Uhr hören lernen und ihr zu vertrauen, ist eine einfache, sehr wirksame und gesunde Haltung. Sie kann uns wieder in den eigenen Takt bringen – und damit das Leben in dieser taktlosen Zeit erleichtern.

Pause machen wird unterschätzt!
Wann soll Ihr Organismus auftanken, woher die Energie nehmen, wenn die Ruhezeiten ausbleiben?

Eigentlich nimmt unsere durchschnittliche Lebenszeit seit Jahrzehnten zu. Doch den meisten von uns rinnen die Stunden und Tage immer schneller durch die Finger.

FLORIAN OPTZ,
Dokumentarfilmer "Speed"

Das richtige Wechselspiel von Be- und Entlastung

Nicht jeder Mensch hat die gleiche Tagesenergiekurve. Manche sind Frühaufsteher. Die Schlafforschung spricht hier vom Typ „Lerche". Andere kommen erst mittags in Fahrt. Die so genannten „Eulen" können bis spät in die Nacht gute Ergebnisse liefern. Die meisten Menschen bewegen sich in Varianten dazwischen.

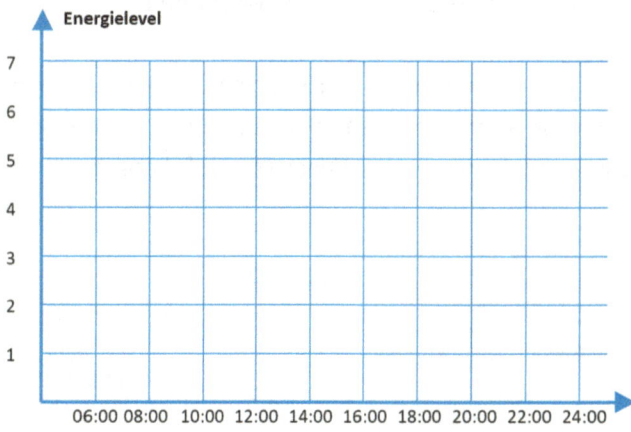

Um im Takt zu bleiben und um seinen inneren Rhythmus optimal zu nutzen, ist es sinnvoll, die eigenen Muster zu kennen. Es ist klug, sich selbst zu beobachten, seine persönlichen Gewohnheiten aufzuzeichnen und sich auch von dieser Seite kennenzulernen. Notieren Sie über die nächsten sechs Wochen Ihre Aufwach- und Schlafzeiten. Protokollieren Sie dabei die Hochs und Tiefs des Tages und notieren Sie dazu Ihre Lage und Stimmung in knappen

Stichworten: Wann und wo müssen Sie sich besonders anstrengen, wann ermüden Sie oder verspüren Energie – und wie fühlen Sie sich dabei?

Nutzen Sie dazu Ihr Journal bzw. Ihr Trainer-Büchlein. Entdecken Sie Ihre persönlichen Muster und versuchen Sie zunehmend, mit Ihren Wellen zu surfen.

Wie schätzen Sie folgende Balance-Themen aktuell bei sich ein? Arbeit | Freizeit | Gesundheit

Auf einer Skala von 1 – 10, wobei 1 sehr schwach („Ich bin sehr unzufrieden damit!) und 10 sehr gut ausgeprägt („Ich bin sehr zufrieden damit!") bezeichnet.

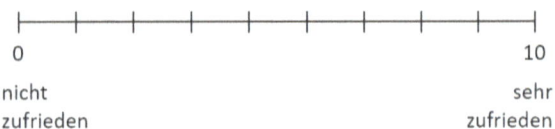

0   10

nicht   sehr
zufrieden   zufrieden

Energie + Balance

Wann erledige ich was am besten, um die optimale Wirkung zu erhalten? Das hängt zum einen von Ihrem individuellen Muster und zum anderen von den objektiven Möglichkeiten ab. Je besser diese aufeinanderpassen, desto eleganter können Sie es sich einrichten. Wichtig: Der **gesunde Taktgeber ist Ihre innere Uhr** und nicht die vielen Optionen, die Sie nicht verpassen wollen, und die reizvollen Dinge, die Sie auch noch tun könnten.

Das
Tageskamel

Energie

Tageszeit

Flow_Zone®

Sind Sie morgens kreativ? Dann lesen Sie die E-Mails erst, nachdem Sie im Flow gearbeitet haben.

Schützen Sie Ihre „Prime Time" vor Unterbrechungen. Leiten Sie das Telefon um oder errichten Sie „Sperrzeiten".

 Machen Sie Pausieren zu einer gesunden Gewohnheit.

Nutzen Sie Ihre Pausen-Strategie, um sich zu erfrischen und zu erholen. Verschaffen Sie sich Abwechslung, die inspiriert und Ihnen Energie zukommen lässt.

Störfaktor Ablenkung

Je nach Möglichkeit gilt es, Ablenkungen so gut es geht auszuweichen. Das kann (mit ein wenig Übung) ein durchaus amüsantes und erfreuliches Spiel werden. Jede Ablenkung kostet Sie Kraft, Zeit und Aufmerksamkeit. Bis Sie wieder im Prozess sind, vergehen durchschnittlich elf Minuten, wenn nicht schon vorher eine neue Störung dazwischenkommt, wie Experimente zum Thema aufzeigten.[10]

---

[10] http://www.ics.uci.edu/~gmark/CHI2005.pdf

Arbeitsstil, der schwächt:

- **Stets** offen für alles und jeden
- **Fremdgesteuert:** Andere tragen Termine in Ihren Kalender ein
- **Pausenlos:** Termin folgt auf Termin
- **Keine** geblockten Zeiten für Gespräche
- **Keine** „Sperr-Zeiten": Zeit für eigene Aufgaben, für Denken und Verarbeiten
- **All ways on:** Handy immer an, E-Mail-Check mehrmals pro Stunde

Richtig Pause machen!

Mehrere kurze Pausen sind besser als eine lang anhaltende Pause.

Rechtzeitig Pause machen – frühzeitige Pausen beugen der Erschöpfung vor.

Verteilen Sie die Pausen gleichmäßig auf die gesamte Arbeitszeit.

Geplante (also vorhersehbare) Pausen sind besser als situative. Geplante Pausen funktionieren so ganz nebenbei als Taktgeber und schaffen eine erholsame Struktur.

Dort, wo jeweils individuelle Pausenzeiten nicht möglich sind, sollte die Tätigkeit selbst **abwechslungsreich** und rhythmisch gestaltet werden (z. B.

durch Mikro-Pausen), um einseitige Belastungen zu vermeiden.

Wenn Sie sich angewöhnen, systematisch **Mikro-Pausen** einzubauen, werden Sie zunehmend mehr Energie verspüren und fitter auch durch die schwachen Zeiten des Tages gehen.

Halten Sie kurz inne. Schauen Sie zur Seite – ganz bewusst, möglichst aus einem Fenster. Lassen Sie Ihren Blick für fünf bis zehn Sekunden schweifen. Tun Sie das bitte jetzt!

Sie haben sich gerade eine Mikro-Pause verschafft. Sie hatten einen Moment für sich. Die Nackenmuskulatur wurde anders beansprucht. Die Augen konnten endlich einmal wieder weit fokussieren. Sie können Mikro-Pausen ganz bewusst in Ihren Ablauf einbauen, z. B. am Schreibtisch: Nach jeder E-Mail, die Sie bearbeitet haben, folgt eine Mikro-Pause.

Notieren Sie sich in Ihrem Journal oder Trainer-Büchlein die Anzahl der Pausen pro Tag, die Sie üblicherweise nutzen.

Je stärker Ihre aktuelle Belastung, desto strenger sollten Sie auf regelmäßige Pausen achten, die entspannen und entlasten. Versuchen Sie, allgemein öfter zu einem Schluss oder Abschluss zu kommen. Das trägt zur Rhythmisierung bei und hilft, den Fluss der Zeit zu regeln.

Gehen Sie so oft wie möglich nach draußen! In Innenräumen fehlt es an Tageslicht (durchschnittlich 500 Lux), das wir zur wirksamen Synchronisation der biologischen Uhr und für einen entspannten Nacht-schlaf benötigen. An sonnigen Tagen beträgt die Lichtstärke rund 100.000 Lux, an bewölkten Tagen immerhin noch 6000 – 8000 Lux.

Vermeiden Sie es, direkt vor dem Schlafengehen am Computer zu arbeiten oder fernzusehen. Der hohe Blauanteil vieler elektronischer Geräte hemmt die Ausschüttung von Melatonin, dem Schlafhormon. Lampen mit mehr Rotlichtanteil sind deshalb abends gesünder und in Bezug auf einen erholsamen Schlaf besser geeignet.

Sind Sie ein früher Chronotyp?

Genießen Sie den Morgen, wenn alle anderen noch schlafen, und lassen Sie sich von dem Fernsehpro-gramm und den anderen bunten Möglichkeiten nicht allzu oft zu nächtlichen Aktivitäten verführen.

Sind Sie ein später Chronotyp?

Nutzen Sie Ihre Gleitzeit. Beginnen Sie (wenn mög-lich) Ihre Arbeitszeit etwas später. Falls das nicht geht: Setzen Sie sich morgens einer starken Lichtquel-le aus – das macht wach.

Es geht viel ums Tun, aber genauso viel ums Lassen.

Dass Menschen nachts müde sind, ist eine Trivialität. Dass sie aber für gewöhnlich nachts auch dann weniger leisten, wenn sie kurz zuvor geschlafen haben, ist schon überraschender. Der Schlaf-wach-Zyklus ist jedoch nur einer von mehreren chronobiologischen Faktoren, die unsere körperliche wie geistige Leistungsfähigkeit beherrschen. Die vielen Uhren des Körpers sind so getaktet, dass wir auf allen Ebenen genau dann am belastbarsten sind, wenn wir auch mit der größten Belastung zu rechnen haben", sagt der Wissenschaftsjournalist und Experte für Chronobiologie und Epigentik Peter Spork.

Richtig schlafen

Schlafen ist wichtig – wer daran spart, verkürzt sein Leben, nicht nur die Schlafdauer.

Eine gute Möglichkeit, tagsüber in einer Pause aufzutanken, ist ein Nickerchen. So ein Kurzschlaf sollte zwischen zehn und 30 Minuten dauern. In manchen Kulturen ist das mittägliche Dösen etwas Selbstverständliches. Die moderne Welt hat dieses Wissen weitgehend verdrängt.

> ## Ein **Nickerchen** ist
> ## ein guter Weg
> ## um Schlaf *nachzuholen*.

Der Vorteil des Kurzschlafes (neudeutsch: Power Nap) besteht darin, dass er wirklich kurz ist. Dauert das Schläfchen länger als 30 Minuten, fallen Sie leicht in den Tiefschlafmodus. Das Wachwerden nimmt dann einige Zeit in Anspruch. Werden Sie aus Traumphasen geweckt, kann es sein, dass Sie leicht verwirrt sind und Sie sich ganz und gar nicht erholt fühlen.

Deshalb sollte der Kurzschlaf wirklich kurz sein. Die nächste gesunde Schlafdauer wäre dann ca. 90 Minuten, eine komplette Sequenz aller Schlafphasen.

Es lohnt sich also, den Wecker genau auf die gewünschte Schlafdauer einzustellen. Suchen Sie sich ein ruhiges Plätzchen – das kann ein Ruheraum in der Firma, das eigene Auto oder auch der sommerliche Park sein.

Machen Sie das Nickerchen vor 15 Uhr. Wichtig: Nach dem Power Nap sofort aufstehen und aktiv werden.

Die Forschung unterstützt das "Power Napping": Einer Studie mit 23.500 Probanden zufolge senkt das Nickerchen am Mittag das Infarktrisiko von Herzkranken um 37 %. Dr. Mark Rosekind[11] hat in seiner Pilotenstudie, die er im Auftrag der US-Raumfahrtbehörde NASA durchgeführt hat, überzeugend aufgezeigt, dass Piloten, die zwischendurch kurz schlafen, die besseren Piloten sind: Ihre Reaktionszeit fällt um 16 % kürzer aus als die ihrer Kollegen. Der Unterschied ist also signifikant und kann bei anspruchsvollen Aufgaben den entscheidenden Unterschied ausmachen.

Vorteile des Power Nap / Kraft-Nickerchen:

- gesteigerte Konzentration, Lernfähigkeit und Kreativität,
- geringere Fehlerrate, bessere Konfliktfähigkeit,
- größere Toleranz.

---

[11] Nasa Studie Alertness

- Leistungssteigerung = 35 %. Die Fähigkeit, unternehmerische Entscheidungen zu treffen, ist bis zu 50 % besser.

Folgen Sie Ihrem natürlichen Instinkt, wenn Sie sich tagsüber müde fühlen und gönnen Sie sich, wenn möglich, einen kurzen Erholungsschlaf.

Power Nap wirkt

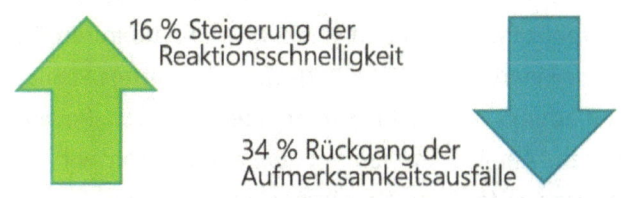

16 % Steigerung der Reaktionsschnelligkeit

34 % Rückgang der Aufmerksamkeitsausfälle

Mark Rosekind – Pilotenstudie NASA

Einsteins Rezept:
Er wusste wohl von der auffrischenden Wirkung eines Kreativ-Nickerchens. Er setzte sich mit einem Schlüsselbund in die Hand zum Schlafen hin. In dem Moment, in dem die Entspannung sehr tief war, entspannten sich die Muskeln und das Geräusch des herunterfallenden Schlüssels weckte ihn wieder.

Tagsüber entspannen

Wie Sie die Batterie tagsüber wieder aufladen

Wenn wir unsere psychische als auch physische Fitnesskurve anschauen, wird klar, dass sie über den Tag hinweg in Abhängigkeit von Belastung und Biorhythmen sinkt. Sie kann nur in den Phasen von Pausen und Nahrungsaufnahme wieder ansteigen oder regenerieren.

Wir können uns als eine Art Batterie vorstellen, die morgens im Topzustand geladen ist und über den Tag immer leerer wird. Eine Batterie kann mittels Schnellaufladung innerhalb kurzer Zeit erneut „Power" haben. Ähnlich können wir das auch, wenn wir uns immer wieder kurz, aber intensiv entspannen.

Das Praktizieren sanfter Entspannungstechniken, von Qigong, TaiChi, Yoga oder Stretching unterstützt die Fähigkeit zur Konzentration und Entspannung. Es gibt eine Vielzahl weiterer Körper- und Mentaltechniken, die mit etwas Übung die schnelle Entspannung ermöglichen.

Diese kleine Übung kann tagsüber öfter eingebunden werden:

Schließen Sie jetzt die Augen für 30 Sekunden und achten Sie nur auf Ihre Atmung. Tun Sie das jetzt – in dieser Minute.
Alternativ: Schauen Sie 30 Sekunden lang ins Grüne und nehmen Sie wahr, was Sie sehen.

Stimmen Sie sich selbst! Eine Kohärenz-Übung

Ein verstimmtes Instrument hat entweder zu viel oder zu wenig Spannung. Das gilt auch für uns. Sind wir hingegen kohärent, dann „stimmt alles" und wir fühlen uns im „Flow". Ein stimmiger, ein kohärenter Zustand, lässt sich trainieren. Probieren Sie es mal aus!

Das HeartMath Institut aus Kalifornien führt seit mehr als 20 Jahren Studien zum Kohärenz- und Stress-Management durch.[12] Die Wissenschaftler haben sich zum Ziel gesetzt für jedermann funktionierende Stress-Lösungen zu finden. Die folgende Übung ist ein Ergebnis daraus. Die Übung ist extrem effizient zur systematischen Entwicklung und zum Training des kohärenten Zustands. Nehmen Sie sich 3x am Tag eine Auszeit von drei bis fünf Minuten (z. B. beim Erwachen, während der Mittagspause und beim Zubettgehen) und führen Sie die folgenden Schritte aus:

---

[12] www.heartmath.org

HEART LOCK-IN (Institute of HeartMath)

Fokussieren Sie Ihre Gedanken auf den Bereich Ihres Herzens und atmen Sie dabei langsam und tief ein und aus. Stellen Sie sich vielleicht vor, dass die Luft durch Ihr Herz ein- und ausfließt.

Aktivieren Sie ein Gefühl echter Dankbarkeit, Freude oder Liebe und erhalten Sie dieses Gefühl aufrecht. Spüren Sie hinein. Wie fühlt es sich an? Es geht um das Fühlen, nicht um das Denken.

Bedenken Sie sich und andere mit diesem Gefühl der Fürsorge. Dies gleicht vor allem Ihr eigenes System wieder aus.

Wenn Ihre Gedanken wandern, fokussieren Sie einfach wieder auf den Bereich Ihres Herzens. Regelmäßige Übung führt zu einem neuen Richtwert, an dem Sie sich im Alltag orientieren können.

Achtsamkeit und Meditation

Die Schnelllebigkeit und die hohe Taktung im Alltag sowie die gestiegenen inneren und äußeren Anforderungen jeden Monat, jedes Quartal und jedes Jahr erschweren uns die Besinnung auf das Wesentliche: das, was uns persönlich betrifft. Eine Methode, mehr Klarheit für sich zu bekommen, ist die Achtsamkeitsmeditation – eine prinzipiell sehr einfache, aber doch auch als nicht ganz einfach wahrgenommene Sache.

1. Nehmen Sie sich dazu eine kleine Auszeit, in der Sie nicht gestört werden.
2. Richten Sie Ihre Aufmerksamkeit nach innen.
3. Lassen Sie Ihre Gedanken vorüberziehen wie einen Wasserfall, ohne näher auf sie einzugehen. Nehmen Sie die Gedanken dabei wahr, ohne sie zu beurteilen, und lassen Sie diese dann weiterziehen. Stellen Sie sich vielleicht vor, Sie wären lediglich ein Beobachter dieses Wasserfalls.
4. Nach einiger Übung werden Sie feststellen, dass das Geplapper der Gedanken weniger wird. (Ausschalten werden Sie sie nicht können, da das Gehirn ständig neuronal aktiv ist.)
5. Durch das Wahrnehmen der Gedanken werden Sie im Laufe der Zeit über sich lernen.

Auch beim Laufen oder in der Badewanne kann eine Form der Gedankensortierung stattfinden. Suchen Sie nach einer Möglichkeit, die gut zu Ihnen und Ihrem Alltag passt!

Balance halten: Akustik
Dokumentieren Sie die Geräusche aus Ihrem Alltag.

1. Nutzen Sie für diese Übung Ihr Mobiltelefon oder ein anderes Gerät mit Aufnahmefunktion.
2. Aktivieren Sie innerhalb der kommenden Woche an drei beliebigen Tagen die Audioaufnahme Ih-

res Geräts und dokumentieren Sie die jeweilige akustische Landschaft für eine Minute.

3. Verwenden Sie für diese Übung die folgenden drei Zeitfenster: ca. 10 Uhr, ca. 12 Uhr, ca. 16 Uhr.

4. Hören Sie mit einem Abstand von zwei bis drei Tagen Ihre akustische Reportage an.

Was fällt Ihnen auf? Gefällt Ihnen Ihr „Lied"? Stimmt für Sie der Rhythmus? Passt die Harmonie? Gibt es manches neu zu arrangieren?

„Der akustische Raum ist alles, was wir hören. In ihm konkretisieren sich unsere Lebensbedingungen ebenso unmittelbar wie unausweichlich, da wir das Gehör nicht abschalten können."

Peter Androsch, Initiator des Projektes „Hörstadt",
Musiker und Komponist

4. Freude am Tun

Der ungarisch-amerikanische Psychologe Mihaly Csikszentmihalyi untersucht seit den 70er Jahren das Phänomen der „optimalen Erfahrung", besser bekannt als „Flow" oder „Flow-Zustand". Zunächst wurde dieser an künstlerischen und sportlichen Topleistungen gemessen. Heute weiß man: „Im Flow zu sein" ist eine grundlegende menschliche Fähigkeit und ein ebenso grundlegendes menschliches Bedürfnis.

Flow kann als Zustand beschrieben werden, in dem Aufmerksamkeit, Motivation und die Umgebung in einer Art produktiven Harmonie zusammentreffen. Es bezeichnet einen Zustand von Glück, der entsteht, wenn man in einer Aufgabe vollkommen aufgeht, wenn man im „Fluss" ist.

Entgegen ersten Erwartungen, wird dieser Zustand nahezu euphorischer Stimmung in den seltensten Fällen beim Nichtstun oder im Urlaub erreicht, sondern wenn wir uns intensiv der Arbeit oder einer schwierigen Aufgabe widmen. Menschen haben eine intrinsische Motivation, etwas zu gestalten. Dazu schreibt Csikszentmihalyi[13] in seinem Studienbericht „Flow im Beruf":

---

[13] Csikszentmihalyi, M., Flow im Beruf, Das Geheimnis des Glücks am Arbeitsplatz, Klett Cotta, Stuttgart 2004

„Das Glück am Arbeitsplatz ist wichtiger
als sechs Richtige im Lotto."

Flow bei der Arbeit

Der Mensch ist aus eigenem Antrieb tätig – er ist neugierig, kooperationsorientiert und sucht die verlässliche Bindung und den fairen Austausch. Freuen wir uns an unserer Tätigkeit, belohnen wir uns selbst: mit Energie und Gesundheit.

„Heute werden Werte und Sinn wichtiger. Entscheidend ist es aber, Sinn im eigenen alltäglichen Handeln zu finden. Das erfordert, Tätigkeiten zu suchen, die die eigene Leidenschaft wecken, herausfordern und einem höheren Zweck dienen."
Peter Wippermann, Trendforscher

Wir sehnen uns nach einer sinnvollen Aufgabe. Wenn wir nichts Vorzeigbares erschaffen, fehlt uns ein wichtiger Aspekt des Selbstausdrucks. Man kann es bei vielen Menschen beobachten: Wenn der Selbstausdruck in der Arbeit nicht gelingt, geht dieser Drang im Hobby auf. Findet sich auch hier keine Entfaltung, stürzen wir uns in Ersatzlösungen.
Wir konsumieren. Wir shoppen. Wir betäuben uns.

Den Fokus verschieben

Gewöhnen Sie sich an, auch die **kleinen Erfolge** wahrzunehmen. Loben Sie sich ebenso für diese kleinen Erfolge. Loben Sie andere gleichfalls für kleine Erfolge. Warum?

Sie lenken Ihre Aufmerksamkeit auf positive Aspekte. Sie trainieren und etablieren dadurch eine erfolgsorientierte Haltung. Sie beginnen ganz automatisch, auf das zu schauen, was funktioniert, und verstärken es. Außerdem wird das Belohnungszentrum aktiviert, Freude entsteht.

Die Psychologie bestätigt immer wieder, dass sich negative Informationen leichter und schneller verbreiten. Wir nehmen Negatives intensiver auf. Das ist nützlich in der Unwirtlichkeit der Savanne, aber wenig förderlich in der modernen Welt. Schützen Sie sich vor zu viel Einseitigkeit. Sammeln Sie die kleinen positiven Gefühle und Erfolge und justieren Sie damit Ihren Fokus. Sie stärken damit Ihre

Widerstandskraft für die beschwerlichen und herausfordernden Dinge, die auch ganz unbestellt geliefert werden.

> **„Stay hungry. Stay foolish."**
> (Bleibe hungrig und bleibe kindlich neugierig.)
> *Steve Jobs*

„Manchmal trifft einen das Leben ziemlich hart. Dann darf man seinen Glauben an sich nicht aufgeben. Das Einzige, was mich immer angetrieben hat, war meine Hingabe zu dem, was ich liebe." Diesen Rat gab Steve Jobs, Mitbegründer von Apple, bei seiner Rede auf dem Stanford College 2005 den Studenten. Die Hingabe im Beruf zu erleben ist die viel gepriesene Berufung, das Tun befriedigt.

Die Erfahrung, dass der Beruf auch die Berufung ist, teilen diejenigen Menschen, die den Flow sprich Erfüllung in Zusammenhang mit ihrer Arbeit erleben. Deshalb ist es wichtig zu schauen ob im Job auch die Rahmenbedingungen genügend Gestaltungsmöglichkeiten für den eigenen Ausdruck gegeben sind.

Mehr Flow erleben

Flow erleben wir, wenn die Tätigkeit unserem Können und unseren Fähigkeiten entspricht und wir uns ungestört dabei entfalten können. Es sind Momente des selbstvergessenen Seins. Das kann bei einfachen Tätigkeiten, wie bei der Ablage, oder bei anspruchsvollen Aufgaben, wie dem Bergsteigen, geschehen. Typische Flow-Situationen sind bei Kindern zu beobachten, wenn sie spielen, oder bei Menschen, die Tätigkeiten ausüben, die sie wirklich lieben. Ausgeprägte Flow-Experten finden sich unter Entrepreneuren, Erfindern, Architekten und Künstlern.

Freude am Tun: Flow

Bewerten Sie jetzt Ihre aktuelle Situation.

Wie viel Freude empfinden Sie zurzeit in Ihrem Beruf?

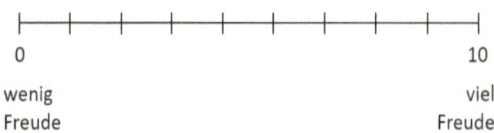

Wie zufrieden sind Sie damit?

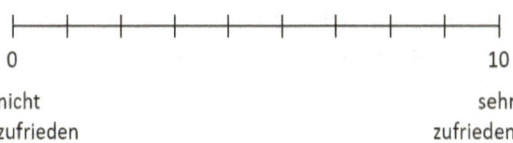

Flow zu erleben, erzeugt Kohärenz und Leistungs-freude, aktiviert Wachstumsprozesse und macht uns offen und neugierig. Sich aktiv darum zu bemühen, vermehrt im Flow-Bereich zu arbeiten, scheint klug zu sein.

Dabei beschreibt der „grüne Bereich" nicht allein den klassischen Flow-Kanal. Vielmehr beschreibt er auch die angrenzende Lernzone („Wir verlassen die Sicher-heitszone!; Erregung bzw. Lernen) und die Entspan-nungszone („Hier fühlen wir uns sicher und routi-niert!"; Kontrolle).
Der Mix aus diesen Bereichen sollte in Ihrer täglichen Arbeit vorkommen, um Ihnen ein gesundes Umfeld zu bieten.

Das Flow-Erleben ist an Sinnhaftigkeit gebunden. Wenn das was wir tun in irgendeiner Form für uns Sinn ergibt und es nicht zu schwer zu bewältigen ist, kann Flow entstehen. Suchen Sie nach Tätigkeiten die Sinn machen und interpretieren Sie eintönige Aufga-ben um, bis Sie einen Sinn ergeben. So können Sie sich bewusst immer wieder in die Flow_Zone steuern. Schaffen Sie sich ein Umfeld in dem die optimalen Erlebnisse eine hohe Chance haben auch erlebt zu werden. Hilfsmittel hierzu sind Eigenbeobachtungen und schriftliches festhalten in einem Notizbuch.

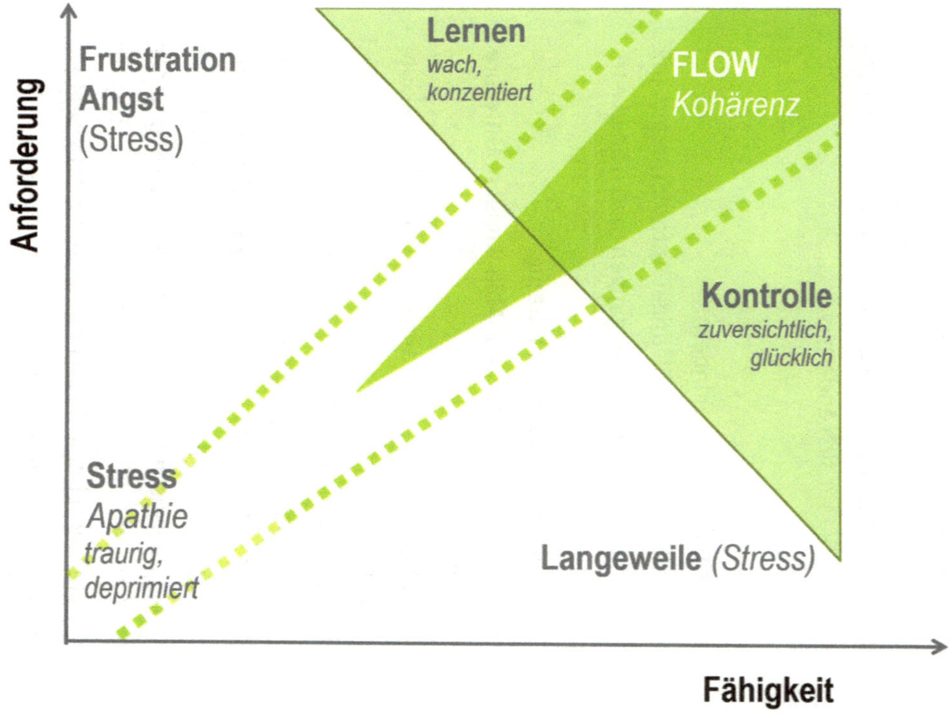

Anforderung (vertical axis, left)

Fähigkeit (horizontal axis, bottom)

Frustration
Angst
(Stress)

Lernen
*wach,
konzentiert*

FLOW
Kohärenz

Kontrolle
*zuversichtlich,
glücklich*

Stress
*Apathie
traurig,
deprimiert*

Langeweile (Stress)

Auch hier zeigt sich: Das gesunde Leben gestaltet sich rhythmisch, weil unsere Biologie durch Rhythmen bestimmt ist. Der Mix macht's.

Prüfen Sie anhand der folgenden Check-Liste, welche Faktoren Sie für sich ändern wollen.

Faktoren, die Flow behindern:

- Zu hohe oder zu niedrige Anforderungen (die nicht den Stärken, Neigungen und Fähigkeiten entsprechen).
  Zu wenig Fokus und Sinnbezug.
- Permanente Störungen, Ablenkungen, Unterbrechungen.
- Fehlende oder nicht angemessene Rückmeldung (Geringschätzung, Ignoranz).
- Das dauerhafte Gefühl, zu wenig Einfluss auf Art und Gestaltung der Arbeit zu haben (Steuerungs-, Gestaltungs-, Entfaltungsmöglichkeiten).
- Rigide Leistungsanforderungen gepaart mit unrealistisch empfundenen Zeitvorgaben (stressauslösender Zeit- und Leistungsdruck). Zu viel. Zu schnell. Zu dicht. (Pausenlos tätig sein.)
- Über-Identifikation und Dauerbelastung.

Ein kluges Umfeld schaffen!

(Den Reiter orientieren. Den Elefanten bewegen.)

Faktoren, die Flow fördern:

- Die eignen Stärken identifizieren und einsetzen.
- Sich auf Ziele einstellen, die emotional bedeutsam sind und persönlich Sinn machen.
- Resonanz zum Thema, Präsenz (Zentrierung der Aufmerksamkeit).
- Orientierung haben (eindeutige Handlungsstruktur).
- Aktive Gestaltungsmöglichkeiten und ausreichende Selbstbestimmung.
- Der spielerische Umgang und Ermutigung zum Erforschen und Entdecken (Gefühl der Anstrengungslosigkeit und Neugierde).
- Die Dosis macht es! (Pausen, Rhythmen, Leistungshochphasen).

Zum Thema Sinnfindung in der Arbeit und Stress im Berufsleben hat Klaus Kampmann ein schriftliches Interview mit Hartmut Mehdorn 2016, ein Jahr nach Beendigung seines aktiven Berufslebens geführt.

„Gleich zu Anfang, ich persönlich habe nie Stress empfunden oder unter ähnlichen Belastungen gelitten, für so etwas hatte ich nie Zeit.

Für mich waren mein Beruf, meine Aufgaben, meine Ziele Teil meines Lebens, ich möchte keinen Tag davon missen. Es war immer toll."

Sie haben Jahrzehnte in Chefetagen verbracht, Menschen geführt und Projekte geleitet. Was ist Ihr Resümee aus dieser Zeit?

„Es war immer spannend, die ganze Zeit über, die Jahre sind fast wie im Zeitraffer an mir vorbeigezogen, es war mal hart, mal Spaß, nie langweilig. Dank meiner Familie hatte ich immer den Rücken frei, ich konnte mich ohne Einschränkungen frei entwickeln. Ich habe mein Berufsleben genossen."

Wie sehen Sie heute das Wechselspiel zwischen Familie und Beruf – Stichwort Live-Balance?

„Das ist eine neue Entwicklung der jungen Generation. In meinem Berufsleben war das kein Faktor. Wir hatten Familie an den Wochenenden, Sport an Abenden, Kultur, wenn sich etwas Interessantes geboten hat, ich habe meine Termine im Berufsleben geplant, die Freizeit hat sich da eingefügt so gut es ging. In Sachen

Familie gilt, nicht die Zeit, viel mehr die Qualität wie man die gemeinsame Zeit nutzt, ist entscheidend."

Würden Sie aus heutiger Sicht Dinge anders angehen, bzw. welchen Rat haben Sie an die heutige Managerriege?

„Ich würde es erneut so versuchen, so wie ich es gelebt habe. Beachten muss man aber dabei, dass Erfolg eine Mischung aus Fleiß, Können, Glück und in starkem Maße aus persönlichem Einsatz ist. Zweimal das Gleiche ginge sicher nicht. Mein Rat an junge Nachwuchsmanager ist deshalb klar: voller Einsatz, lernen, wo immer sich eine Gelegenheit ergibt, nie ausruhen, es geht immer weiter und besser, den Kopf oben halten und nach neuen Möglichkeiten Ausschau halten. Wer Zeit mit Erziehungsfreizeit verbringt, macht nichts falsch, ist aber aus dem Rennen zur Karriere fast ausgeschieden."

Gibt es etwas, das Sie in Zusammenhang mit Ihrem Berufsleben „bereuen"?

„Nicht so richtig, klar, es gibt immer irgendwo kleine und große Waterloo's, das wirft einen aber nie aus der Bahn, wenn man seinen Zielen treu bleibt.

Wer nicht aus Fehlern lernt, hat ein großes Problem."

Wie haben Sie es geschafft, kontinuierlich ein so hohes Pensum zu leisten und wie haben Sie sich gesund gehalten?

„Am Ende ist auch das Training, wenn sie immer um 6:30 den Tag beginnen und ihn nie vor 23:00 beenden, wird das Ihr Rhythmus, der Sie prägt, den Sie nicht als Belastung oder Störung empfinden, es ist eben Teil Ihres professionellen Lebens. Meine innere Uhr tickt auch heute, im Ruhestand, noch so.

Fit bleiben geht über vielerlei Möglichkeiten, im Kopf automatisch mit der täglichen Arbeitsbelastung und den 1000 Themen, die einen dauernd umtreiben und beschäftigen, Sport, so wie es einem Spaß macht. Bei mir waren es das Segeln, Golf und vor dem Schlafengehen, wenn möglich, ein Stück stramm laufen. Fit sein ist relativ und hat nix mit gelaufenen Marathon-Zeiten oder km zu tun. Bewegung ist Trumpf in jedem Lebensalter.

Das Wichtigste ist aber, die Dinge, die man tut, aus Überzeugung gerne zu tun, dann gibt es keinen Stress und man bleibt gesund."

Herr Mehdorn, herzlichen Dank für Ihre Antworten.

Das Märchen vom Multitasking

Über Napoleon hört man, dass er angeblich gleichzeitig einen Brief lesen, einen schreiben und einen dritten diktieren konnte. Im Prinzip kann das sogar stimmen, denn die Psychologen Jason Watson und David Strayer vom Applied Cognition Lab der University of Utah haben untersucht, ob es möglich ist, mehrere anspruchsvolle Aufgaben gleichzeitig zu erledigen. Das Ergebnis zeigt, dass tatsächlich ungefähr zwei bis drei von hundert Personen das Talent dazu haben. Im besagten Projekt[14] wurde bei Autofahrten vom Fahrer verlangt, Rechenaufgaben zu lösen und sich Dinge zu merken. Gemessen wurden die Reaktionsgeschwindigkeit beim Bremsen, das Merkverhalten und die Fehlerrate beim Rechnen. Bei Personen, die nicht zu den sogenannten Supertaskern gehören, immerhin 97,5 %, war der Abstand zum Vordermann ein Drittel größer als notwendig, um die Aufmerksamkeit, die eben nicht teilbar ist, abwechselnd auf Verkehr und Aufgabenstellung lenken zu können. Die Ergebnisse sind vergleichbar mit denen eines alkoholisierten Autofahrers.

Also bietet das Multitasking nicht den richtigen Weg, um Zeit zu sparen. Clifford Nass, Kommunikationswissenschaftler der Stanford University, hat nachgewiesen, dass sogar das Gegenteil der Fall ist.

---

[14]   http://www.psych.utah.edu/lab/appliedcognition/publications/supertaskers.pdf

Die Multitasker fielen in Versuchen durch mangelnde Konzentrationsfähigkeit auf. Sie waren leichter anfällig für Ablenkungen und benötigten für die Erledigung der Aufgaben insgesamt mehr Zeit als die Single-Tasker.

Die moderne Hirnforschung belegt, dass sich das denkende Gehirn nur auf eine Sache gleichzeitig konzentrieren kann. Manchmal entsteht durch schnelles Umschalten der Gedanken die Illusion, dass Aufgaben gleichzeitig bewältigt werden. Misst man jedoch die benötigte Zeit zur Ausführung der Aufgaben, kommt heraus, dass alles länger dauert.

Der Wissenschaftsjournalist und Berater Tony Schwartz[15] weist ausdrücklich darauf hin, dass die Spaltung der Aufmerksamkeit auf mehrere Aufgaben zu sinkender Produktivität führt. Weitere wissenschaftliche Studien beweisen, dass wir produktiver sind, wenn wir uns nur auf eine Sache konzentrieren.

Eine weitere Erkenntnis: Multitasking strengt an, erzeugt Druck, führt so zu chronischem Stress und Unzufriedenheit. Das ständige Springen zwischen Aufgaben verhindert den günstigen „Work-Flow". Es aktiviert evolutionsbiologisch uralte Muster und steht für unser zweites „Stress-System", das wir mit vielen Tieren gemeinsam haben. Das sogenannte „default mode network" oder auch „Unruhe-Stress-System"

---

[15] www.theenergyproject.com

versetzt uns in eine Welt dauerhafter, aber flacher Aufmerksamkeit.

Machen Sie Schluss mit dem Multitasking, wenn Sie gesund bleiben und effizient arbeiten wollen! Verwechseln Sie nicht mehr Geschäftigkeit mit wirklicher Produktivität! Lassen Sie sich nicht in Ihrer „Prime Time" ablenken und unterbrechen. Denken Sie daran: Die häufigsten Störfaktoren sind ankommende EMails, Telefonate und Unterbrechungen durch Kollegen.

Erledigen Sie, was anfällt, der Reihe nach, möglichst ungestört und mit voller Konzentration, und halten Sie sich an Ihre Pausenzeiten. Das führt zu wachsender Effektivität.

Widerstehen Sie der Versuchung, immer wieder schnell mal nebenher in Ihrem sozialen Netzwerk zu schauen, was es Neues gibt, oder während der Besprechung auf dem Smartphone zu surfen. Entlasten Sie sich, Sie können nicht alles mitbekommen, was tatsächlich läuft. Gary Hayes zeigt auf seiner Website www.personalizemedia.com /the-count wie viel an Social-Media-Ereignissen sekündlich weltweit aufkommt. Die Zahlen führen zu einem Ohnmachtsgefühl. Innerhalb der letzten 90 Sekunden wurden auf Facebook ca. drei Millionen Likes gesetzt. Es wurden über vier Millionen Tweets per Twitter gepostet und ca. 17 Mio. SMS geschrieben. An nur einem einzigen Tag wurden 2012 ca. 140.000 Stunden neues Filmmaterial auf YouTube hochgeladen,

heute sind es über 400.00 Stunden. Quelle:
http://www.statisticbrain.com/youtube-statistics/
In allen Beispielen ist die Tendenz seit Jahren steigend!
Schützen Sie sich vor mentaler und emotionaler
Überlastung. In vielen Fällen werden Sie bemerken,
dass Bleiben-Lassen und Nicht-Wissen überhaupt
keine negativen Auswirkungen haben.

Neu bewerten
Manche Tätigkeiten bringen nicht die gewünschte
Freude am Tun. Da hilft es, eine neue Sichtweise zu
entwickeln und den Wert (Sinn) einer Arbeit zu
reflektieren.
Beispiel Ablage machen: Das gefällt vielen nicht, aber
es hilft dem Unternehmen, gut organisiert zu bleiben
und bei Nachfragen innerhalb kürzester Zeit reagieren zu können. Das kann zu einem echten Wettbewerbsvorteil führen.
Welche Tätigkeit, welche Aspekte Ihrer Arbeit, die
Ihnen nicht so zusagen, könnten Sie in einem positiveren Licht sehen?
Welche Aspekte könnten Sie zu einem angenehmen
und unterhaltsamen Spiel (evtl. mit anderen) machen?
Forschen Sie nach Flow-Bremsen und formen Sie
diese nach Möglichkeit in neutrale oder energiebringende Aufgaben um.

Als Ihr eigener Coach gehen Sie spielerisch an die Sache heran. Vielleicht hilft es, sich mit anderen auszutauschen und gemeinsam Ideen zu haben. Eventuell lassen sich unbeliebte Tätigkeiten austauschen. Hier könnte das bekannte Sprichwort, „was dem einen sein Leid, ist möglicherweise des andern Freud", als Gedankenstütze dienen.

Das neue Bewerten von Situationen stellt eine wichtige Strategie dar, um nicht an den gewohnten Stressmachern hängen zu bleiben. Gewöhnen Sie sich an, geistig flexibel zu sein und neue Situationen, die zunächst belastend auf Sie wirken, aus verschiedenen Sichtwinkeln anzuschauen. Manchmal entdeckt man dabei, dass es nicht nur schlecht ist, was da gerade geschieht. Wahrscheinlich gibt es in Ihrem Erfahrungsschatz auch Erlebnisse, die Sie zunächst mit ablehnender Haltung als nachteilig erlebt haben, die sich aber nach gewisser Zeit doch unverhofft als hilfreich oder vorteilhaft erwiesen haben. Stimmt's?

Da wir nicht in die Zukunft schauen können, hilft es, die unangenehme Situation schon von vorneherein als positiven Meilenstein einzuordnen. Dieser Gedanke kann anfangs etwas ungewohnt sein, hilft jedoch vorzüglich, eine flexible Geisteshaltung zu trainieren.

Die Einstellung macht's!

Lernkarte Perspektive ändern

Sie kennen diese Frage, ob das Glas halb voll oder halb leer ist. Sie wissen auch, dass je nach Situation und Gefühlslage die Antwort mal so und mal so ausfallen kann.

Bevor Sie zu diskutieren beginnen, bedenken Sie bitte, dass ca. fünf Milliarden Menschen auf diesem Planeten überhaupt nicht die Chance haben, sich jetzt sofort ein Glas klares Trinkwasser zu leisten!

Ermutigen Sie sich und andere deshalb immer wieder, über den Glasrand hinaus zu denken. <->

Erfolgsliste

Was stimmt alles
in meinem Leben?

Der ehemalige Harvard Professor Shawn Achor[16] stellte fest, dass wir beruflich viel erfolgreicher sein können, wenn wir glücklich sind. Menschen sind bis zu 31 % produktiver bei guter Stimmung. So vervielfachen z. B. Verkäufer ihre Verkaufsrate und Ärzte arbeiten um 19 % akkurater.

Damit die Produktivitätssteigerung auch gelingt, empfiehlt er ein einfaches Rezept, um das Gehirn in die gewünschten Bahnen zu bringen und mehr auf positive Erlebnisse zu achten.

Es genügt schon der relative geringe Aufwand von zwei Minuten an 21 aufeinanderfolgenden Tagen.

---

[16] http://goodthinkinc.com/

Notieren Sie sich Dinge, die stimmen und funktionieren. Schreiben Sie täglich in Ihr Trainerbüchlein drei bis vier gute Erfahrungen, Erlebnisse oder Taten, die Sie erwirkt haben. Führen Sie das mindestens drei Wochen lang durch. Sie werden staunen, was Ihnen mit der Zeit alles auffällt, was Sie alles Gutes tun. Auch Kleinigkeiten zählen dabei und werden nicht als unwichtig oder „das ist doch selbstverständlich" abgetan!

Zudem haben Sie dann einen Vorrat an positiven Belegen für „schlechtere Zeiten".

Schreiben Sie auf, für was Sie dankbar sind – jeden Tag!

Dieses Training fördert die Achtsamkeit und lenkt die Aufmerksamt auf Dinge, die gelingen.

Schreiben Sie täglich eine positive E-Mail an jemanden aus Ihrem sozialen Netzwerk – einfach so – und lassen Sie sich überraschen, welche Wirkung es hat.

Checkliste zum Buch– Was lerne ich, was setze ich um?

Kapitel 1: Eine gesunde Einstellung entwickeln

Kapitel 2: Vitalität gewinnen

Checkliste zum Buch – Was lerne ich, was setze ich um?

Kapitel 3: Balance halten

Kapitel 4: Freude am Tun

Die Autoren:

 **Thomas Staehelin**, Jahrgang 1962, geboren in Bern, hat Sozialwissenschaften studiert, in der Stress- und Systemforschung sowie in der Organisations- und Unternehmensberatung gearbeitet.

Er ist geschäftsführender Partner der +zone | Positivity Zone KG Research Facilitation Publikation, Berlin.

+zone ist ein Research- und Design-Unternehmen mit Fokus + Resilienz und sozialer Innovation. Es entwickelt Programme, Lösungen und Werkzeuge für international agierende Beratungs- und Zertifizierungsunternehmen, Krankenkassen und öffentliche Einrichtungen (+zoneINSIDE).

Er begeistert sich für das Schaffen kluger Umfelder für eine gesunde Leistungskultur, mehr Freude am Tun und echte Meisterschaft.

www.plus-zone.info

Klaus Kampmann, geboren 1962 in Sindelfingen, hat über 20 Jahre lang Erfahrungen als Referent internationales Marketing und Training  in einem weltweit führenden Technologieunternehmen gesammelt.

Seit 2006 ist er Inhaber von Kampmann Coaching und unterstützt als Förderer der genialen Gelassenheit Unternehmer und Unternehmen bei der persönlichen positiven Weiterentwicklung.

Hierzu vermittelt er funktionierende Konzepte, die innerhalb kurzer Zeit gelernt werden können und nachhaltig wirken. Er ist bekannt aus TV, Radio und Zeitung. Zahlreiche Referenzen seiner Kunden, dazu gehören DAX-100- und DOW-30-Konzerne, bestätigen die hohe Wirksamkeit seiner Methoden.

Er ist zertifizierter Mittelstandsberater im IBWF und aktives Mitglied im DACH-Verband Positive Psychologie.

www.kampmann-coaching.de

Literaturhinweise

Gesunde Einstellung
Amen, D.G., Das glückliche Gehirn: Ängste, Aggressionen und Depressionen überwinden, aus dem Englischen von Stefanie Hutter,
Goldmann Verlag, München 2010.
Diner, E., Biswas-Diner, R., Happiness: Unlocking the Mysteries of Psychological Wealth,
Wiley-Blackwell 2008.
Eagelman, D., Inkognito: Die geheimen Eigenleben unseres Gehirns, aus dem Englischen von Jürgen Neubauer, Campus Verlag, Frankfurt am Main 2012.
Korte, M., Jung im Kopf, Erstaunliche Einsichten der Gehirnforschung in das Älterwerden, München 2015.
Bartens, W., Körperglück: Wie gute Gefühle gesund machen, Pantheon Verlag München 2010.
Kahn, R., Mein Gehirn und ich, 10 Gebote für eine gute Zusammenarbeit, Patmos, Ostfildern 2016.

Vitalität gewinnen
Bartens, W., Glücksmedizin, Droemer Verlag 2011.
Enders, G., Darm mit Charme, Ullstein Berlin 2014.
Ganten, D., Die Gesundheitsformel, Albrecht Knaus Verlag München 2014.
Hansen, A., Sundberg C. J.; Das Gesundheitsrezept, Klüger trainieren, länger leben, Goldmann, München 2017.
Ott, U., Meditation für Skeptiker: Ein Neurowissenschaftler erklärt den Weg zum Selbst,
O. W. Barth München 2011.

Pollan M., Essen Sie nichts, was Ihre Großmutter
nicht als Essen erkannt hätte,
Verlag Antje Kunstmann München 2013.
Ratey J., Hageman, E., Superfaktor Bewegung: Das
Beste für Ihr Gehirn! VAK Kirchzarten 2013.
Schneider, E., Lass dein Hirn nicht sitzen, Wie Bewe-
gung das Denken verbessert, Depressionen lindert
und Demenz vorbeugt, C.H. Beck, München 2016.
Spork, P., Wake up!: Aufbruch in eine ausgeschlafene
Gesellschaft, Carl Hanser Verlag München 2014.
Vernikos, J., Sitzen gefährdet Ihre Gesundheit!, VAK
Kirchzarten 2015.
Wansink, B., Essen ohne Sinn und Verstand: aus dem
Englischen von Sonja Hauser,
Campus Verlag Frankfurt am Main 2008.

Balance halten
Achor Shawn, Before Happiness, Random House
2013.
Mednick, S. C.; Ehrmann, M., Take a Nap! Change
your life:, Workman Press, New York 2006.
Childre, D., Martin, H., Die Herzintelligenz-Methode:,
aus dem Englischen von Isolde Seidel,
VAK Verlag, Kirchzarten 1999, 2012.
Roenneberg, Till: Wie wir ticken, Dumont 2010.
Spork, Peter: Das Uhrwerk der Natur Chronobiologie
– Leben mit der Zeit, Rowohlt 2004.
Zulley, J, Mein Buch vom guten Schlaf: Endlich wieder
richtig schlafen, Goldmann München 2010.
Willmann, Urs, Stress. Ein Lebensmittel, Pattloch
Verlag München 2016.

Freude am Tun

Bauer, J., Arbeit: Warum unser Glück von ihr abhängt und wie sie uns krank macht,
Random House München 2013.

Bauer, J., Das Gedächtnis des Körpers, Wie Beziehungen und Lebensstile unsere Gene steuern,
Piper Frankfurt am Main 2002, 2010.

Csikszentmihalyi, M., Flow im Beruf: Das Geheimnis des Glücks am Arbeitsplatz, aus dem Englischen von Stopfel, U., Klett Cotta, Stuttgart 2004.

Fredrickson, B. L., Die Macht der guten Gefühle,
Campus München 2011.

Lyubomirsky, Sona, Glücklich sein, Campus 2008.

Seligman, E.P., Der Glücks-Faktor: Warum Optimisten länger leben, Bastei Lübbe 2005

123miniTIPPS.de

Zeitfracht Medien GmbH
Ferdinand-Jühlke-Straße 7
99095 Erfurt, Deutschland
produktsicherheit@kolibri360.de